# OS DIREITOS FUNDAMENTAIS E A (IN)CERTEZA DO DIREITO

## A PRODUTIVIDADE DAS TENSÕES PRINCIPIOLÓGICAS E A SUPERAÇÃO DO SISTEMA DE REGRAS

MENELICK DE CARVALHO NETTO
GUILHERME SCOTTI

*Prefácio*
Vera Karam de Chueiri

# OS DIREITOS FUNDAMENTAIS E A (IN)CERTEZA DO DIREITO

## A PRODUTIVIDADE DAS TENSÕES PRINCIPIOLÓGICAS E A SUPERAÇÃO DO SISTEMA DE REGRAS

2ª edição revista e atualizada

Belo Horizonte

2020

© 2011 Editora Fórum Ltda.
2020 2ª edição

É proibida a reprodução total ou parcial desta obra, por qualquer meio eletrônico, inclusive por processos xerográficos, sem autorização expressa do Editor.

## Conselho Editorial

| | |
|---|---|
| Adilson Abreu Dallari | Floriano de Azevedo Marques Neto |
| Alécia Paolucci Nogueira Bicalho | Gustavo Justino de Oliveira |
| Alexandre Coutinho Pagliarini | Inês Virgínia Prado Soares |
| André Ramos Tavares | Jorge Ulisses Jacoby Fernandes |
| Carlos Ayres Britto | Juarez Freitas |
| Carlos Mário da Silva Velloso | Luciano Ferraz |
| Cármen Lúcia Antunes Rocha | Lúcio Delfino |
| Cesar Augusto Guimarães Pereira | Marcia Carla Pereira Ribeiro |
| Clovis Beznos | Márcio Cammarosano |
| Cristiana Fortini | Marcos Ehrhardt Jr. |
| Dinorá Adelaide Musetti Grotti | Maria Sylvia Zanella Di Pietro |
| Diogo de Figueiredo Moreira Neto (*in memoriam*) | Ney José de Freitas |
| Egon Bockmann Moreira | Oswaldo Othon de Pontes Saraiva Filho |
| Emerson Gabardo | Paulo Modesto |
| Fabrício Motta | Romeu Felipe Bacellar Filho |
| Fernando Rossi | Sérgio Guerra |
| Flávio Henrique Unes Pereira | Walber de Moura Agra |

# FÓRUM
## CONHECIMENTO JURÍDICO

Luís Cláudio Rodrigues Ferreira
Presidente e Editor

Coordenação editorial: Leonardo Eustáquio Siqueira Araújo
Aline Sobreira de Oliveira

Av. Afonso Pena, 2770 – 15º andar – Savassi – CEP 30130-012
Belo Horizonte – Minas Gerais – Tel.: (31) 2121.4900 / 2121.4949
www.editoraforum.com.br – editoraforum@editoraforum.com.br

Técnica. Empenho. Zelo. Esses foram alguns dos cuidados aplicados na edição desta obra. No entanto, podem ocorrer erros de impressão, digitação ou mesmo restar alguma dúvida conceitual. Caso se constate algo assim, solicitamos a gentileza de nos comunicar através do *e-mail* editorial@editoraforum.com.br para que possamos esclarecer, no que couber. A sua contribuição é muito importante para mantermos a excelência editorial. A Editora Fórum agradece a sua contribuição.

Dados Internacionais de Catalogação na Publicação (CIP) de acordo com a AACR2

| | |
|---|---|
| C331d | Carvalho Netto, Menelick de |
| | Os direitos fundamentais e a (in)certeza do Direito: a produtividade das tensões principiológicas e a superação do sistema de regras / Menelick de Carvalho Netto, Guilherme Scotti. 2. ed.– Belo Horizonte : Fórum, 2020. |
| | 104 p.; 14,5x21,5cm |
| | ISBN: 978-85-450-0769-2 |
| | 1. Direito Constitucional. 2. Teoria do Direito. 3. Filosofia do Direito. I. Scotti, Guilherme. II. Título. |
| | CDD 341.2 |
| | CDU 342 |

Elaborado por Daniela Lopes Duarte - CRB-6/3500

Informação bibliográfica deste livro, conforme a NBR 6023:2018 da Associação Brasileira de Normas Técnicas (ABNT):

CARVALHO NETTO, Menelick de; SCOTTI, Guilherme. *Os direitos fundamentais e a (in)certeza do Direito*: a produtividade das tensões principiológicas e a superação do sistema de regras. 2. ed. Belo Horizonte: Fórum, 2020. 104 p. ISBN 978-85-450-0769-2.

# SUMÁRIO

PREFÁCIO DA PRIMEIRA EDIÇÃO
**Vera Karam de Chueiri** ........................................................... 7

APRESENTAÇÃO DA PRIMEIRA EDIÇÃO ............................. 11

APRESENTAÇÃO DA SEGUNDA EDIÇÃO ............................. 15

CAPÍTULO 1
INTRODUÇÃO – CAMINHOS E DESCAMINHOS
DA FILOSOFIA DO DIREITO NA
MODERNIDADE ........................................................................ 17

CAPÍTULO 2
A IMPLOSÃO E SUPERAÇÃO DO PROJETO
POSITIVISTA NO DIREITO ..................................................... 33
A implosão da teoria pura ........................................................... 33
O positivismo, os *hard cases* e a única resposta correta de Dworkin ...... 38
O conceito de integridade na política ......................................... 42
O conceito de integridade no direito............................................ 42
A teoria de Dworkin na perspectiva da teoria discursiva do Estado
Democrático de Direito ............................................................... 45
Dworkin e o realismo moral......................................................... 47
A interpretação construtiva ......................................................... 49
O papel dos princípios – Os estágios de Kohlberg ..................... 53

CAPÍTULO 3
DIREITOS FUNDAMENTAIS E ETICIDADE
REFLEXIVA ................................................................................. 59
A modernidade da sociedade moderna......................................... 59
Discursos éticos, morais e jurídicos – O bom e o justo ..................... 65
Razão prática, moral e direito – Uma leitura contemporânea.......... 67

Resgate discursivo da razão prática ......................................................... 67

A categoria do direito na teoria discursiva ........................................... 69

## CAPÍTULO 4
## O PÓS-POSITIVISMO E A APLICAÇÃO
## DOS PRINCÍPIOS ................................................................................. 75

O pós-positivismo como retórica: Alexy e a continuidade dos elementos centrais do positivismo normativo e filosófico na aparente ruptura com o positivismo jurídico – O retorno às regras .................... 75

Limites internos e externos e o "conflito de valores" .......................... 78

Pluralismo moral e incompatibilidade entre princípios.................... 86

O conflito jurídico, os textos normativos e as pretensões abusivas a direitos ...................................................................................................... 91

O STF e o caso Ellwanger............................................................................ 92

## CAPÍTULO 5
## AFINAL DE CONTAS, O QUE UMA
## CONSTITUIÇÃO CONSTITUI? ............................................................... 97

## REFERÊNCIAS ........................................................................................... 101

# PREFÁCIO DA PRIMEIRA EDIÇÃO

O direito constitucional – e isso vale também para o Brasil – tem protagonizado nas três últimas décadas um papel interessante na reflexão do direito e no exercício das suas práticas. Grosso modo, interessante é aquilo que atrai atenção. Todavia, é nesta aparentemente simples qualidade que está a absoluta importância do livro – *Os direitos fundamentais e a (in)certeza do direito: a produtividade das tensões principiológicas e a superação do sistema de regras* – que neste momento se apresenta ao leitor. Isto é, porque o direito constitucional no limiar dos séculos redefiniu o sentido do próprio direito e de suas práticas, atraiu – e tem atraído – a atenção dos seus intérpretes – falo de nós, o povo – na medida em que compreender e interpretar o direito (constitucional) é compreender e interpretar a nós mesmos como comunidade. Tarefa complexa esta, pois a autocompreensão que temos de nós mesmos como comunidade nos desacomoda do lugar seguro de um mundo dado, ao qual apenas assistimos como observadores externos, para um mundo que se dá (ou se constrói) na medida das nossas ações. E nossas ações não são lineares ou isentas de tensões e contradições.

E é justamente aqui que reside o caráter indispensável da reflexão que fazem os autores Menelick de Carvalho Netto e Guilherme Scotti quando nos deixam face a face com *a (in)certeza do direito* para podermos radicalmente experienciar os direitos fundamentais. Dito de outra maneira, os direitos só são fundamentais porque cotidianamente se reinventam na concretude das nossas vivências como "comunidade de pessoas que se reconhecem reciprocamente como livres e iguais" e isso não se dá sem tensões, ou como dizem os autores, sem uma "eticidade reflexiva, plural e fluída, apta a se voltar criticamente sobre si mesma".

Daí este livro ser um destes que faz toda a diferença na produção recente em teoria constitucional, assim como seus autores fazem toda diferença no conhecimento que se tem produzido em direito constitucional no Brasil e na América Latina. Menelick de

Carvalho Netto é certamente um dos constitucionalistas críticos mais proeminentes do Brasil, o qual tem formado gerações de novíssimos constitucionalistas – como o próprio Guilherme Scotti –, cuja intervenção teórica e prática se vê nas principais escolas de direito do Brasil, bem como nas instâncias decisórias do parlamento, da jurisdição e do governo. É sempre bom lembrar que, tradicionalmente, as escolas de direito no Brasil são pouco ou quase nada reflexivas, mas hoje estão profundamente afetadas por uma nova eticidade e pelo radical compromisso com o constitucionalismo e a democracia, graças a intelectuais da monta dos autores desta obra.

Nova eticidade ou eticidade reflexiva, constitucionalismo e democracia são o *leitmotiv* do livro, o qual inicia discutindo a superação do projeto positivista no direito, qual seja, a necessária intrusão da moral e da política neste e a consequente abertura (ou luminosidade) que ela provoca. Daí a referência às teses de Dworkin, a começar pela ressignificação que a sua noção de princípio propõe ao direito, em oposição ao centralismo das regras da tradição positivista e, internamente, em relação à noção de política. Devem os princípios e não as políticas fundamentar as decisões judiciais, na medida em que, como dizem os autores, aqueles "remetem aos conteúdos morais dos direitos fundamentais". Assim, ao aplicador e não ao legislador é dado, no enfrentamento de cada caso e no argumento da sua decisão (para cada caso), reconstruir o direito vigente não sem interpretar as decisões passadas, não sem levar em conta o contexto da sua história institucional e os compromissos assumidos e compartilhados de liberdade e igualdade. Ao fazê-lo, o aplicador-intérprete oferece a única decisão correta para aquele caso, promovendo, assim, certa estabilidade, a qual, por sua vez, não se confunde com a segurança pretendida pelos positivistas, mas, ao contrário, reafirma a contingência do direito.

Tal tarefa é tão difícil quanto o próprio caso ao qual ela pretende dar uma resposta, e a ilusão de que o direito é uma narrativa fácil é própria de uma compreensão precária das nossas práticas jurídicas. Não por acaso afirmam os autores:

as normas gerais e abstratas não são capazes de regular as suas próprias condições de aplicação, e que, portanto, a aplicação de um princípio, requer que, na unicidade específica e determinada do caso concreto, diante das várias versões dos fatos que se apresentem, se tenha o tempo todo também em mente a norma geral ou princípio contrário, a configurar uma tensão normativa rica e complexa que opere como crivo para discernir, no caso, as pretensões abusivas das legítimas.

Não há constitucionalismo e democracia fora da tensão que os constitui, a qual reaparece no momento da aplicação do direito, relativamente às demandas que se colocam ao juiz, sobretudo as de direitos fundamentais. Neste sentido, o livro é exemplar ao analisar a decisão do Supremo Tribunal Federal no famoso caso Ellwanger. Isto, pois, os autores são precisos ao apontar a insuficiência da argumentação utilizada pela Corte com base na ideia de ponderação (ou do que a Corte entende por isso). Ainda, apontam os autores que alguns dos argumentos utilizados pelos ministros da corte apoiados na ideia de ponderação não são propriamente assim, na medida em que, atentos às especificidades do caso, evidenciam a natureza abusiva da pretensão levantada pelo réu ao atribuir, à prática do crime de racismo, o exercício do direito à liberdade de expressão. Não obstante, quando tais argumentos insistem em recorrer à ponderação para fundamentar a decisão acabam banalizando os direitos fundamentais ao apresentá-los como "simples opções valorativas em abstrato do aplicador".

Pois bem, está a comunidade em frente de uma das mais sofisticadas e críticas reflexões que se tem feito em filosofia e teoria constitucional no Brasil nos últimos anos. Reflexão de quem vive (experiência) a Constituição e por isso mesmo só vê sentido em suas práticas cotidianas de cidadão e professor de direito se significadas por tal vivência, com todos os seus riscos, perigos e incertezas. Definitivamente, certezas não combinam com o exercício da cidadania, da democracia e do constitucionalismo sendo muito mais afeitas aos arranjos totalitários e autoritários. Por fim, ficamos com a pergunta que trazem os autores sobre o que uma constituição constitui. Interpretá-la é o que fará o leitor deste livro, porém, não sem o prazer de uma narrativa escrita de maneira escorreita à altura da *última flor do Lácio*.

Curitiba, janeiro de 2011.

**Vera Karam de Chueiri**
Professora de Direito Constitucional
dos programas de Graduação
e Pós-Graduação da UFPR.

# APRESENTAÇÃO DA PRIMEIRA EDIÇÃO

É com vistas a melhor compreender o nexo interno que entre si guardam os direitos fundamentais e o caráter estruturalmente aberto e indeterminado das normas gerais e abstratas características do direito moderno, que convidamos o leitor a nos acompanhar na reconstrução que empreendemos da trajetória percorrida pela teoria da interpretação jurídica da primeira para a segunda metade do século XX. Percurso no qual este nexo torna-se não apenas visível, mas parte essencial da proposta de se lidar produtivamente com o problema da indeterminação estrutural do direito. Autores paradigmáticos do período, como Hans Kelsen e Francesco Ferrara, por um lado, e Ronald Dworkin e Robert Alexy, de outro, são aqui enfocados e trabalhados em profundidade. Uma compreensão normativamente consistente dos direitos fundamentais na ordem constitucional de 1988 requer que se leve a sério o disposto nos §§1º e 2º do art. 5º da Constituição da República, ou seja, que o leitor, enquanto intérprete e cidadão que é, seja capaz de alterar sua postura diante dela, a assumir como sua uma perspectiva de quem operou o giro linguístico (hermenêutico/pragmático) no campo da teoria constitucional.

A questão deixa de ser vista como um dado: "o que é uma Constituição?". A abordagem do tema passa agora a ser determinada pela postura de um participante interno que tem como foco central a indagação acerca do que ela constitui, ou seja, a comunidade de pessoas que se reconhecem reciprocamente como livres e iguais na concretude de suas vivências cotidianas, em suma: determinada comunidade de princípios que se assume como sujeito constitucional, capaz de reconstruir permanentemente de forma crítica e reflexiva a eticidade que recebe como legado das gerações anteriores, precisamente restritos àqueles usos, costumes e tradições que, naquele momento histórico constitucional, acredita possam passar pelo crivo do que entende ser o conteúdo da exigência inegociável dos direitos fundamentais. Os direitos fundamentais, ou seja, a igualdade e a autonomia ou liberdade reciprocamente reconhecidas a todos os membros da comunidade, passam a ser compreendidos, portanto, como princípios, a um só tempo, opostos e complementares entre si. Por isso mesmo, aptos a gerar tensões produtivas e, assim, a instaurar socialmente uma eticidade reflexiva capaz de se voltar criticamente sobre si própria, colocando em xeque tanto preconceitos e tradições naturalizados quanto a própria crença no papel não principiológico e meramente convencional das normas jurídicas. A complexidade da tarefa interpretativa de aplicação desse direito geral e abstrato de natureza estruturalmente indeterminada requer a superação tanto da crença irracional de que textos racionalmente elaborados pudessem por si sós reduzir a complexidade social a ponto de tornar esse trabalho de interpretação e aplicação do direito uma tarefa mecânica e automatizada, quanto do ceticismo decisionista que retira dos direitos fundamentais seu papel de "barreira de fogo" inegociável.

É a integridade do direito a exigir atenção permanente às especificidades únicas e irrepetíveis dos casos concretos, com vistas à promoção simultânea das pretensões à justiça (*justice*) e à segurança jurídica (*fairness*), que também permite que nos libertemos do mito da possibilidade de decisão padrão capaz de se autoaplicar a todos os casos semelhantes. Cada decisão que assim se apresentar configurará, outra vez, como norma geral e abstrata, estruturalmente indeterminada, introdutora de maior complexidade social, vez que na qualidade de orientação voltada ao futuro também incentivará, por seu turno, pretensões abusivas em relação a ela, as quais só poderão ser desmascaradas mediante o exame reconstrutivo e criterioso da unicidade irrepetível de cada caso concreto que venha a se apresentar.

O convite à reflexão teorética acerca do caminho percorrido pela teoria da interpretação jurídica nas últimas décadas vincula-se ao fato de que estamos plenamente convencidos de que esta é uma condição academicamente indispensável para alcançarmos apreender o efetivo significado de que hoje passam a se revestir os direitos fundamentais como princípios que se consubstanciam no nexo interno e constitutivo inafastável da tensão entre o direito e a democracia, a dimensão pública e a privada, a complexidade social e a abertura simultânea da Constituição tanto para o futuro quanto para a reconstrução do passado.

Iniciemos, portanto, a reconstrução dessa aventura, a um só tempo intelectual e vivencial, passível de ser reconhecida não somente nos textos de estatura teórica e teorética mais detidamente analisados, mas igualmente em um sem número de outros, bem como nas narrativas e práticas cotidianas das sociedades que os produziram.

# APRESENTAÇÃO DA SEGUNDA EDIÇÃO

Ficamos muito contentes com a generosa recepção que esta obra teve desde sua primeira publicação, em 2011, em diversos espaços acadêmicos pelo Brasil. Desde então novas interlocuções se abriram e antigas parcerias intelectuais se intensificaram. A releitura constante do texto com colegas professores e estudantes de graduação e de pós-graduação passou, contudo, a evidenciar a necessidade de pequenos ajustes, correções e acréscimos. O processo de revisão para essa segunda edição foi construído coletivamente, em especial junto ao grupo de pesquisa que coordenamos na UnB, "Desafios do Constitucionalismo". Expressamos nosso profundo agradecimento a seus membros, cuja participação foi essencial para o esclarecimento de ideias que mereciam melhor articulação. Buscamos manter a densidade incialmente pretendida, mas com o acréscimo de notas explicativas de conceitos teoréticos centrais, para além de outros aprimoramentos no texto.

Esta segunda edição vem a lume em um momento particularmente desafiador, o que, ao nosso ver, a torna ainda mais oportuna e urgente. Vivemos tempos obscuros e canhestros para o constitucionalismo, nos quais o denominado "iliberalismo" pode alcançar o poder em vários países, inclusive entre nós. A sua investida se dá precisamente contra a viva e complexa comunidade aberta de princípios inaugurada com os envolventes e participativos processos de elaboração da Constituição da República, das Constituições dos Estados e das Leis Orgânicas Municipais, que, desde então, no curso das décadas que se seguiram, se provou um fluxo comunicativo de cidadania cada vez mais inclusivo e denso. A crescente igualdade na diferença ganhou força e densidade sem precedentes em nossa história institucional. Mais do que nunca é preciso defender a comunidade de princípios complexa, viva e dinâmica que constituímos e que, a um só tempo, nos constitui. Necessário, portanto, enfrentar na esfera pública, seja com a sociedade civil organizada, seja com o campo institucional, as recorrentes investidas iliberais de negação dos direitos mais basilares das diversas minorias conquistados nesse processo permanente de luta por afirmação de uma cidadania cada vez mais inclusiva. Diante da recorrência de práticas autoritárias sempre abusivas, firmes e corajosas resistências cívicas e institucionais se levantam em defesa da comunidade de princípios constituída. Portanto, à luz da atualidade dos desafios postos, é precisamente também com vistas a combater o simplismo dual e maniqueísta do iliberalismo que convidamos o leitor a mergulhar conosco no resgate da complexidade e da riqueza de que se reveste a comunidade de princípios que fomos capazes de construir. Desse modo, acreditamos, é que podemos e devemos continuar a apostar, juntos, no direito e na democracia.

Brasília, setembro de 2019

CAPÍTULO 1

# INTRODUÇÃO – CAMINHOS E DESCAMINHOS DA FILOSOFIA DO DIREITO NA MODERNIDADE

A proposta da presente reflexão, muito sinteticamente, é a de se levar a sério os §§1º e 2º do art. 5º[1] da Constituição da República que, para uma compreensão normativa efetivamente consistente, requerem um enfoque que opere o giro linguístico (hermenêutico/ pragmático)[2] no campo da teoria constitucional em especial, e do direito público em geral, e desenvolva as suas consequências teoréticas e teóricas. Com este giro a questão deixa de ser "o que é uma Constituição?". A teoria passa a operar agora a partir da postura de um participante interno que tem como foco central o que a Constituição constitui, ou seja, uma comunidade de pessoas que se reconhecem reciprocamente como livres e iguais na concretude de suas vivências cotidianas, considerada sincrônica e diacronicamente, em outros termos, a autocompreensão que essa comunidade passa a ter no momento presente e como ela vê a sua própria historicidade. A efetividade da Constituição deixa de ser abordada a partir da

---

[1] "Art. 5º [...] §1º As normas definidoras dos direitos e garantias fundamentais têm aplicação imediata. §2º Os direitos e garantias expressos nesta Constituição não excluem outros decorrentes do regime e dos princípios por ela adotados, ou dos tratados internacionais em que a República Federativa do Brasil seja parte".

[2] Para uma compreensão do giro linguístico no campo da filosofia, conferir OLIVEIRA, M. A. *Reviravolta linguístico-pragmática na filosofia contemporânea*. 2. ed. São Paulo, Loyola, 2001. No campo da teoria constitucional os dispositivos transcritos na nota anterior estatuem o giro linguístico nessa seara, o que pode ser melhor compreendido à luz das reflexões de Ronald Dworkin em seu artigo sobre direitos implícitos, que será discutido em nosso último capítulo: DWORKIN, R. Unenumerated rights: whether and how Roe should be overruled. *Chicago Law Review*, v. 59, p. 381-432, 1992.

dicotomia "ideal" x "real" típica de toda a teoria da Constituição clássica,[3] para ser enfocada, de forma muito mais sustentável, rica e produtiva, a partir do que Jürgen Habermas denomina "tensão externa" entre "facticidade" e a "validade" da Constituição.[4]

Com vistas a explicitar desde já o fundamento teorético aqui adotado, convém analisar o próprio caminho trilhado pela filosofia do direito nos três últimos séculos e a posição em que ela hoje se coloca, ou seja, à centralidade que ela volta a ocupar no cenário da reflexão filosófica, reforçada ainda mais nos tempos de terror[5] que correm, ao afirmar o caráter indisponível dos direitos humanos – bem como o vínculo interno que guardam com a democracia – e a necessidade inafastável de sua concretização mediante a institucionalização como direitos fundamentais nas diversas ordens constitucionais.

A filosofia do direito assume um papel central para a reflexão daqueles que inventaram a idade moderna.[6] A evidência racional

---

[3] Cf. LASSALLE, F. *A essência da Constituição*. 6. ed. Rio de Janeiro: Lumen Juris, 2001; VIANNA, F. J. O. *O idealismo da Constituição*. 1. ed. Rio de Janeiro: Terra de Sol, 1927; SCHMITT, C. *Teoría de la constitución*. Madrid: Alianza, 1982.

[4] Para Habermas haveria uma *tensão interna* ao direito entre facticidade e validade: entre a *positividade* do direito, seu caráter coercitivo que independe da aceitação do destinatário para sua aplicação (facticidade), e a pretensão de *legitimidade* do direito, condição necessária para sua validade em um Estado Democrático de Direito. A *tensão externa* ao direito seria entre, por um lado, no plano da facticidade, a capacidade sempre parcial do direito de alterar a realidade, garantindo sua *efetividade* e, por outro, no plano da validade, a normatividade contrafactual das normas jurídicas, que não podem depender da completa efetividade para a manutenção da validade da ordem jurídica. A possibilidade de descumprimento da conduta regulada está pressuposta na própria ideia de direito, pois o direito não regula condutas factualmente impossíveis ou necessárias. Cf. o cap. IV de HABERMAS, J. *Direito e democracia*: entre facticidade e validade. Rio de Janeiro: Tempo Brasileiro, 1997.

[5] Embora aparentemente curta, a distância temporal que separa esta 2ª edição da primeira nos força a expandir a concepção de terror então pensada. Se ali ressoavam os problemas do terrorismo e de seu alegado combate mediante restrições de direitos fundamentais, como bem demonstrou Cristiano Paixão, hoje, com o evidente recrudescimento de práticas autoritárias e reacionárias em todo o mundo, o termo deve compreendido de forma a envolver manifestações mais amplas e complexas da supressão de direitos. Cf. PAIXÃO, C. *A reação norte-americana aos atentados de 11 de setembro de 2001 e seu impacto no constitucionalismo contemporâneo*: um estudo a partir da teoria da diferenciação do direito. Doutorado (Tese) – Programa de Pós-Graduação em Direito, UFMG, Belo Horizonte, 2004.

[6] No sentido de que a própria categorização da história humana em eras é invenção desses modernos que viam a si mesmos como iluminados pela racionalidade que deveria eliminar as trevas dos mitos, agora vistos como irracionais. Eles inventaram a Idade Antiga, a Idade Média e se viram como Idade Moderna. Cf. BLUMENBERG, H. *The legitimacy of modern age*. Cambridge: MIT Press, 1985; HABERMAS J. *O discurso filosófico da modernidade*. 1. ed. Tradução de Luiz Sérgio Repa e Rodnei Nascimento. São Paulo: Martins Fontes, 2000.

dos direitos naturais[7] entendidos como exigências morais universais indisponíveis que expressavam a necessidade do reconhecimento institucional pelo direito de que todos os seres humanos nascem iguais, livres e proprietários, no mínimo de si próprios, era uma crença tão forte que literalmente provou-se capaz de, antes mesmo de haver provocado a eclosão da era das revoluções, já inocular um efeito dissolvente nas próprias bases da sociedade. Essas evidências passam a ser os critérios com base nos quais a imóvel, sólida e absolutizada eticidade tradicional torna-se uma eticidade reflexiva,[8] plural e fluida, apta a se voltar criticamente sobre si mesma, de tal sorte que nós, até hoje e cada vez mais, escrutinamos, todos os dias, os nossos usos, costumes e tradições para discernir os que podem continuar a sê-lo, daqueles que, quando questionados à luz do conteúdo de sentido sempre renovado desses crivos, passam a ser vistos como abusos e discriminações.

A evidência desses critérios universais de justiça moral era então vista como devendo reger, de fora, enquanto transcendente, a organização política e jurídica da sociedade. O direito e a política deveriam se submeter à moral, às exigências racionais universalizantes da moral moderna de defesa da subjetividade. A vitória institucional da crença nesses ideais traduziu-se em distintas vivências regionais que culminam, por vias diversas, com a adoção dos Estados constitucionais, no final do século XVIII e início do XIX, marcando um ponto de inflexão a partir do qual, paradoxalmente, a filosofia do direito perderá a sua centralidade na reflexão filosófica. A invenção da forma constitucional pelos norte-americanos estabelece a diferença entre o direito constitucional e o restante do direito. É ela que funda agora o direito e a política.

Assim é que, como afirma Niklas Luhmann, a invenção da constituição formal pelos norte-americanos possibilitou que a

---

[7] Como bem demonstrado por Hans Blumenberg, a ideia antiga-medieval de direitos naturais vai ser reocupada pelos modernos de forma a, em diversos aspectos, inverter seu significado. Temos a ruptura de uma ordem objetiva de deveres naturalizados que implicavam privilégios de uma sociedade hierarquizada e a substituição por uma ordem de direitos subjetivos vistos como exigências morais racionais tidas como autoevidentes.

[8] Sobre o tema, vale conferir a discussão que Habermas travou com Richard Bernstein no simpósio ocorrido na Cardozo School of Law, publicado entre nós como um suplemento em HABERMAS, J. *A inclusão do outro*: estudos de teoria política. São Paulo: Loyola, 2002. Para um registro mais completo dos debates, cf. ROSENFELD, M.; ARATO, A. *Habermas on law and democracy*: critical exchanges. Berkeley: University of California Press, 1998.

modernidade se completasse no campo do direito e da política. Até então, o problema do fundamento do direito remetia às exigências de adequação do direito positivo às exigências morais do direito natural moderno, ou seja, o fundamento de legitimidade do direito e da política residia fora deles mesmos. Agora, a distinção entre o direito constitucional e o direito fundado pelo direito constitucional oculta o fato paradoxal de que o direito constitucional é direito e permite a fundamentação autopoiética do próprio direito.[9]

A filosofia do direito inicia então uma trajetória de redução à teoria geral do direito, uma disciplina técnica da formação especificamente jurídica, que, por sua vez, encontrará seu ponto máximo de inflexão tendencial na *Teoria pura do direito* de Hans Kelsen.[10] A partir da segunda metade do século XX a filosofia do direito volta a ocupar, claro que de forma inteiramente distinta, um lugar central na reflexão filosófica em autores tão diversos quanto Paul Ricouer,[11] Jürgen Habermas,[12] Jacques Derrida[13] e Giácomo Marramao,[14] para citar apenas alguns. É a reflexão acerca dessa trajetória que, acreditamos, muito pode contribuir para melhor compreendermos os desafios que, em tempos de terror, a filosofia não pode deixar de enfrentar e, portanto, a nova centralidade que nela a filosofia do direito passa a ocupar.

Muito embora no início dessa trajetória a evidência racional pudesse funcionar como critério tanto de verdade quanto de justiça, hoje conhecemos a sua natureza puramente convencional. O exercício do pensar filosófico aplicado ao campo do direito, marcado pelo seu alto grau de reflexividade, volta-se tanto para o questionamento acerca das condições da produção do conhecimento neste campo, ou seja, para o estatuto epistemológico de uma ciência

---

[9] LUHMANN, N. La costituzione come acquisizione evolutiva. *In*: ZAGREBELSKY, G.; PORTINARO, P. P.; LUTHER, J. *Il futuro della costituzione*. Torino: Einaudi, 1996.

[10] KELSEN, H. *Teoria pura do direito*. São Paulo: Martins Fontes, 1998.

[11] RICOEUR, P. *O justo ou a essência da justiça*. Lisboa: Instituto Piaget, 1997

[12] HABERMAS, J. *Direito e democracia*: entre facticidade e validade. Rio de Janeiro: Tempo Brasileiro, 1997.

[13] DERRIDA, J. *Força de lei*: o fundamento místico da autoridade. São Paulo: Martins Fontes, 2007.

[14] MARRAMAO, G. Passato e futuro dei diritti umani – Dall'"ordine posthobbesiano" al cosmopolitismo della differenza. *In*: CONGRESSO NACIONAL DO CONPEDI, 16., 2007, Belo Horizonte. *Anais*... Belo Horizonte, 2007.

do direito, configurando-se assim como uma filosofia da ciência aplicada ao direito; como para as indagações acerca da justiça, de uma sociedade justa e de instituições justas, como uma filosofia moral aplicada ao direito.

A questão da justiça, em função dos próprios critérios que inauguraram a modernidade, renova-se como exercício de filosofia do direito ao tematizá-la como problema a ser enfrentado cotidianamente pelo exercício da democracia e da prática do constitucionalismo.

O que conduz diversos autores a postularem o rótulo de pós-modernidade,[15] de modo a atribuir uma especificidade estrutural tão grande aos tempos em que vivemos quanto à havida na passagem das sociedades tradicionais para a sociedade moderna? É precisamente o reconhecimento das pretensões excessivas atribuídas à racionalidade humana na modernidade: a superação do mito da razão moderna, que seria capaz de revelar verdades eternas, imutáveis, a-históricas, bem como o reconhecimento dos altos custos pagos pela crença nesse mito.

Na companhia de Niklas Luhmann e Jürgen Habermas, no entanto, preferimos reconhecer nossos tempos como mais modernos do que aqueles dos homens que cunharam esse termo para designar a sua época, exatamente por não mais acreditarmos naquela racionalidade mítica, na ciência como saber absoluto. Acreditamos que vivemos, sim, em uma época ainda moderna, em uma modernidade tardia, que pode ser mais sábia, mais moderna, do que a própria modernidade que a antecedeu, em razão do que fomos capazes de aprender com as nossas próprias vivências. A modernidade revela-se assim como um projeto inacabado.[16]

Por isso mesmo, para nós, científico é o saber que se sabe precário, que não se julga absoluto, que sabe ter de expor com plausibilidade a fundamentação de tudo o que afirma. Leis científicas, por definição, são temporárias. Serão refutadas. A refutação só prova que determinadas teses foram científicas enquanto foram críveis, plausíveis, para nós.

---

[15] LYOTARD, J. F. *A condição pós-moderna*. 12. ed. Tradução de Ricardo Corrêa Barbosa. Rio de Janeiro: José Olympio, 2009; SANTOS, B. S. *Pela mão de Alice* – O social e o político na pós-modernidade. 7. ed. Porto: Edições Afrontamento, 1999.

[16] HABERMAS, J. Modernity – An incomplete project. *In*: FOSTER, H. (Ed.). *The anti-aesthetic* – Essays on postmodern culture. Port Townsend: Bay Press, 1983.

No nosso campo específico, o do conhecimento acerca do direito, um grande complexo de inferioridade marcava a reflexão teórica jurídico-científica em relação à ciência da física e dos demais campos do conhecimento, sobretudo, aos das demais ciências naturais e exatas, pois a visível base convencional do direito moderno, positivado e contingente, parecia impedir aqui uma ciência que pudesse se apresentar como conhecimento irrefutável, eterno e imutável. Hoje, não mais precisamos ter qualquer complexo de inferioridade, porque a base convencional de qualquer ciência se tornou clara. Todos se recordam de como, recentemente, Plutão deixou de ser planeta mediante a votação da comunidade científica dos astrônomos. Aliás, foi o modelo da comunidade científica que pôde servir para repensarmos o próprio conceito de democracia. O saber que se sabe limitado funda-se no permanente debate público acerca de seus próprios fundamentos e, assim, é precário, contingente e sempre aprimorável. Seus fundamentos são históricos e datados. A nossa racionalidade é, ela própria, um produto humano e como tal porta todas as nossas características. O projeto iluminista era um mito, precisamente por divinizar a racionalidade humana.

É preciso realizar o iluminismo do iluminismo, para usar os termos de Niklas Luhmann (*Der Aufklärung der Aufklärung*). Saber que a nossa racionalidade é humana, sabê-la histórica, limitada, datada, ela própria uma construção social vinculada a determinadas tradições, práticas, vivências, interesses e necessidades, no mais das vezes naturalizados e apenas pressupostos. O positivismo, no afã de eliminar os mitos, dando curso ao projeto iluminista de iluminar as trevas, pretendendo que tudo fossem luzes, criou o maior dos mitos, o mito da ciência, do saber absoluto, como se fôssemos capazes de produzir algo eterno, imutável, perfeito, enfim, divino.

Somos seres humanos, datados, com o olhar marcado por aquilo que vivemos. Só podemos ver o que a nossa sociedade permite que vejamos, o que a nossa vida concreta em sociedade permite que vejamos. Qualquer luz necessariamente projeta sombras. Se podemos ver muito bem alguns aspectos é porque outros restam ofuscados pelo brilho daqueles que enfocamos. Toda produção de conhecimento requer redução de complexidade e, nessa medida, produz igualmente desconhecimento.

Podemos ver agora a modernidade da sociedade moderna também no que diz respeito à sua ciência. Uma ciência que só é conhecimento na medida em que se sabe precária, provisória. Um saber que, ao assumir a sua complexidade, enfrenta seus riscos e os incorpora, lidando com eles de forma a conhecê-los e a buscar preveni-los, sabendo, de antemão, que não poderá evitá-los totalmente.

O conhecimento produzido também produz, em igual medida, desconhecimento. Neste passo o conceito de paradigma científico em Thomas Kuhn[17] pode muito nos esclarecer. *Paradigma* é um conceito da filosofia da ciência de Thomas Kuhn que, por sua vez, influenciado por Gadamer, o autor de *Verdade e método* –[18] um autor vinculado à hermenêutica filosófica, à reflexão do *status* do conhecimento no terreno das chamadas ciências do espírito, das ciências humanas, das ciências que têm por objeto precisamente a interpretação de textos ou de equivalentes a textos –, passou a trabalhar este conceito.[19] Kuhn, em *A estrutura das revoluções científicas*, avança a tese de que o conhecimento não progride evolutiva e pacificamente, mas, ao contrário, o progresso do conhecimento nas ciências, e é de se destacar que seu enfoque se centra nas ciências ditas exatas ou da natureza, se daria por rupturas, por grandes saltos, por profundas alterações de paradigmas.

Toda essa discussão de Kuhn encontra-se também intimamente vinculada aos desenvolvimentos da filosofia da linguagem, ao denominado giro linguístico, hermenêutico e pragmático. Nessa época, a filosofia da linguagem estava a descobrir, não somente com a contribuição da hermenêutica de Gadamer, mas também desde a herança pragmática de Wittgenstein,[20] o papel fundamental que o silêncio exerce na linguagem.

É claro que tudo isso que estamos dizendo o fazemos no pressuposto de que podemos ser entendidos, mas esse é um pressuposto contrafactual pois, na verdade, se formos verificar as

---

[17] KUHN, T. S. *A estrutura das revoluções científicas*. São Paulo: Perspectiva, 1996.

[18] GADAMER, H. G. *Verdade e método*. Petrópolis: Vozes, 1997.

[19] Kuhn trata da influência da hermenêutica continental em sua obra no prefácio de KUHN, T. S. *The essential tension* – Selected studies in scientific tradition and change. Chicago: The University of Chicago Press, 1977.

[20] WITTGENSTEIN, L. *Investigações filosóficas*. São Paulo: Nova Cultural, 2000.

vivências das pessoas, essas são muito diversas e a possibilidade de se ser efetivamente compreendido é pouco plausível. Ao retirarmos do pano de fundo tacitamente compartilhado de silêncio qualquer palavra que consideremos de sentido óbvio, trazendo-a para o universo do discurso, como fizemos com o termo *ciência*, veremos que acerca de seu significado não havia um acordo racional, mas mero preconceito, ou seja, uma precompreensão irrefletida, um saber que se acreditava absoluto e que, por isso mesmo, não era saber algum. E conquanto efetivamente possamos provar empiricamente que a comunicação não se dá, ao fazê-lo, provamos unicamente que o mal-entendido é possível, o que, portanto, apenas confirma o entendimento como regra geral. A comunicação como tal, por meio da linguagem, é muito improvável e, no entanto, ela se dá, nós nos comunicamos graças a esse pano de fundo compartilhado de silêncio que, é claro, é sentido naturalizado. Daí a natureza contrafactual desse pressuposto residir precisamente no paradoxo da linguagem: "nós nos comunicamos porque não nos comunicamos". São exatamente essas precompreensões que integram o pano de fundo da linguagem que constituem o que Kuhn denomina paradigma. Esse pano de fundo compartilhado de silêncio, na verdade, decorre de uma gramática de práticas sociais que realizamos todos os dias sem nos apercebermos dela e que molda o nosso próprio modo de olhar, a um só tempo aguça e torna precisa a nossa visão de determinados aspectos, cegando-nos a outros, e isso é parte da nossa condição humana. Para Kuhn, nós não temos como sair de um paradigma, ou melhor, da condição paradigmática, podemos sim trocar de paradigmas, mas sempre que o advento de novas gramáticas de práticas sociais permitirem a troca de paradigma, esse vai ser um novo filtro, como óculos que filtram o nosso olhar, que moldam a forma como vemos a chamada realidade; as normas performáticas decorrentes de nossas vivências sociais concretas condicionam tudo o que vemos e a forma como vemos. Por isso mesmo, um olhar estrangeiro na ciência, de fora daquela comunidade científica específica, é sempre produtivo. Normalmente, as grandes descobertas vêm de alguém não habituado com o paradigma tradicional.

Ronald Dworkin, ao suceder Hart na cátedra de Teoria do Direito em Oxford, retoma a questão da interpretação precisamente ali onde Kelsen termina, mas da perspectiva oposta. A sua afirmação de uma única decisão correta para o caso assenta-se na unicidade e irrepetibilidade que marca cada caso. Ressalta aqui a complexidade do modelo de um ordenamento de princípios[21] (mesmo as regras aqui devem ser principiologicamente lidas), que se apresenta por inteiro e, a um só tempo, composto por princípios opostos em produtiva tensão reciprocamente constitutiva e igualmente válidos que dependem do caso concreto para que seja possível discernir a pretensão abusiva da correta que com base neles são levantadas. Por isso mesmo, o caso em sua concretude e irrepetibilidade deve ser reconstruído de todas as perspectivas possíveis, consoante as próprias pretensões a direito levantadas, no sentido de se alcançar a norma adequada, a única capaz de produzir justiça naquele caso específico. Essas reflexões de Dworkin marcam o emergir de um novo paradigma que vem, enquanto tal, de forma cada vez mais difundida e internalizada se afirmando através da constituição de um novo senso comum social, de um novo pano de fundo para a comunicação social, no qual são gestadas pretensões e expectativas muito mais complexas, profundas e rigorosas no que respeita ao projeto de reencantamento com o direito, seja como ordenamento ou esfera própria da ação comunicativa, do reconhecimento e do entendimento mútuo dos cidadãos para o estabelecimento e a implementação da normativa que deve reger sua vida em comum, seja como simples âmbito específico de conhecimento e exercício profissionais. É esse novo paradigma que tem sido denominado pela doutrina "Estado Democrático de Direito" e que, no Brasil, foi inclusive constitucionalmente consagrado.

Ainda é de se registrar que a influência do positivismo jurídico instrumentalizador do paradigma do Estado Social se verificou não só como marco teórico explícito, mas muito mais como pano de fundo tacitamente acolhido. Pano de fundo que chegou a conformar difusa e eficazmente não apenas a prática dos vários operadores jurídicos, mas a própria reprodução desta prática ao determinar decisivamente o caldo de cultura em que se deram os processos de aprendizagem e de formação do profissional do direito.

---

[21] Adotamos aqui o conceito de princípios desenvolvido incialmente em DWORKIN, R. *Levando os direitos a sério*. Tradução de Nelson Boeira. São Paulo: Martins Fontes, 2002.

A profunda revisão doutrinária que tem conduzido à constituição desse novo paradigma possibilita e exige a recunhagem do próprio estatuto da ciência ou teoria geral do direito, redefine e amplia suas fronteiras, seus conceitos básicos e seu próprio papel, bem como o papel, as tarefas e a responsabilidade do profissional do direito, sobretudo, do Judiciário em sua relação cotidiana com a efetividade dos ideais constitucionais como implementação, concretização e efetivação da justiça e da cidadania. O que responde às alterações ocorridas na segunda metade do século XX em todos os âmbitos da vida humana, resultantes da nova estrutura societária pluralista e hipercomplexa das denominadas sociedades pós-industriais, da crítica aos excessos da razão iluminista acolhida pela modernidade tardia no âmago do próprio conceito de ciência, do advento de novas tecnologias e saberes, da exigência de se rever a relação puramente predatória com a natureza, do impacto institucional e político das lutas por reconhecimento, do advento dos direitos de 3ª geração e do esgotamento do paradigma do Estado Social.[22]

Dworkin expressa no direito o que passa a ocorrer no âmbito da própria filosofia a partir da década de 1970. Verifica-se o movimento de reencantamento com o direito na filosofia mesma. A filosofia do direito passa a ser novamente temática obrigatória dos filósofos. É claro que desta vez, em um contexto de racionalidade limitada, sobretudo após o evento de 11.9.2001, a preocupação de autores de vertentes tão distintas como Jacques Derrida, Jürgen Habermas[23] e Paul Ricoeur termina por encomendar à filosofia a reflexão acerca do significado da herança jurídico-constitucional e a sua centralidade para a preservação e o desenvolvimento de uma sociedade cada vez mais complexa, plural e inclusiva em face da ameaça dos totalitarismos fundamentalistas (sejam "orientais" ou "ocidentais",[24] de direita

---

[22] Importante frisar que esse esgotamento se refere ao problema da lógica verticalizada e tecnocrática do tratamento das necessidades dos "hipossuficientes", dispensando sua participação na construção das políticas públicas. Não se trata, de forma alguma, de uma superação da necessidade de direitos sociais que continuam a ser indispensáveis no paradigma do Estado Democrático de Direito. Como acontece com qualquer direito, os direitos sociais são ressignificados sobre as bases conceituais do novo paradigma.

[23] BORRADORI, G. Filosofia em tempo de terror: diálogos com Habermas e Derrida. Tradução de Roberto Mugiatti. Rio de Janeiro: Zahar, 2004.

[24] Sobre a complexidade e os problemas dos termos "oriente" e "ocidente", ver SAID, E. Orientalismo: o Oriente como invenção do ocidente. Tradução de Tomás Rosa Bueno. São

ou de esquerda). Assim é que o retorno da filosofia do direito como uma das dimensões centrais da reflexão filosófica termina, paradoxalmente, por nos enviar de volta à teoria da Constituição, dos direitos fundamentais e da interpretação constitucional.

Desse modo é que não mais podemos validamente pretender transferir nossos problemas para os textos. Muitas alterações constitucionais profundas verificaram-se na história do constitucionalismo mediante alterações na gramática das práticas sociais de tal sorte que passamos a lê-los consoante a ressignificação dos próprios direitos fundamentais.

"O passado é tão aberto quanto o futuro", afirma Michel Rosenfeld. Assim é que cada geração só é capaz de revisitá-lo sob a sua ótica, sempre renovada, marcada, é claro, pela vivência herdada das gerações anteriores, bem assim por seus próprios desafios, aflições, desejos e temores – increntes e constitutivos de sua específica temporalidade social. Neste texto, procura-se explorar a distância conceitual que nos separa, na história do constitucionalismo, das gerações anteriores, que, de uma forma ou de outra, tematizaram a relação entre a forma e o conteúdo constitucionais como uma simples relação de oposição antagônica.

Demarcar essa distância, acreditamos, é um exercício de teoria da Constituição, de reflexão acerca da história do pensamento constitucional, necessário para que se alcance uma compreensão mais profunda do sentido complexo desta relação que hoje, ainda que inconscientemente, tendemos a compartilhar. Ou seja, se tendencialmente continuamos a ver a relação entre a forma e o conteúdo constitucionais como de oposição, essa, contudo, não mais pode ser vista como uma relação de simples oposição em que ambos os termos reciprocamente se excluam, tal como ocorre na relação de oposição entre preceitos no modelo normativo em que se acredita que as normas sejam capazes de regular suas condições de aplicação, o das regras, como veremos.

Ao contrário, sob o influxo da racionalidade subjacente ao modelo normativo dos princípios, sabemos que as normas gerais

---

Paulo: Companhia das Letras, 1990; BURUMA, I.; MARGALIT, A. *Occidentalism:* the West in the eyes of its enemies. New York: The Penguin Press, 2004; APPIAH, K. A. *The lies that bind*: rethinking identity. London: Profile Books, 2018.

e abstratas não são capazes de regular as suas próprias condições de aplicação, e que, portanto, a aplicação de uma norma, de um princípio, requer que, na unicidade específica e determinada do caso concreto, diante das várias versões dos fatos que se apresentem, se tenha o tempo todo também em mente a norma geral ou princípio contrário, a configurar uma tensão normativa rica e complexa que opere como crivo para discernir, no caso, as pretensões abusivas das legítimas. Nessa tensão, muito embora efetivamente o significado das duas normas, sem dúvida, seja oposto, a um só tempo, o significado de cada uma delas delimita e matiza o da outra, passando, assim, a conformá-lo profundamente, de tal sorte que uma é recíproca e inafastavelmente constitutiva do sentido constitucional da outra. Uma boa aplicação do princípio da publicidade, por exemplo, requer que sempre se tenha em mente o da privacidade, e vice-versa.

No âmbito da filosofia política, da teoria democrática e da teoria da Constituição, do ponto de vista de uma perspectiva que busque se incorporar no processo de aprendizado possibilitado pelas vivências constitucionais anteriores, que se assuma como desenvolvida a partir dos novos horizontes de sentido descortinados pelo paradigma do Estado Democrático de Direito, o mesmo sucede com todos os pares de conceitos opostos típicos da modernidade, até então também enfocados como antagônicos e reciprocamente excludentes. Cultura e natureza, público e privado, igualdade e liberdade, democracia e Constituição, forma e matéria constitucionais, para citar apenas alguns, são termos cuja significação atual é rica e complexa, decorrente da possibilidade de vermos a relação, a um só tempo, de oposição e complementaridade que guardam entre si. Em uma terminologia habermasiana, são conceitos ou princípios co-originários e equiprimordiais.[25]

Autores que trabalham de forma extremamente produtiva a exigência herdada do constitucionalismo social de um enfoque materializado do direito constitucional, como, por exemplo, na Espanha, Pablo Lucas Verdú (difusamente em toda a sua obra, mais especificamente no volume IV do *Curso de direito político*),[26]

---

[25] HABERMAS, J. O Estado Democrático de Direito: uma amarração paradoxal de princípios contraditórios?. *In*: HABERMAS, J. *Era das transições*. Rio de Janeiro: Tempo Brasileiro, 2003.

[26] VERDÚ, P. L. *Curso de derecho político*. Madrid: Tecnos, 1984.

no Brasil, Lenio Streck,[27] enfocam o direito constitucional como vida. E, realmente, o direito constitucional é vida – ou é vida ou não é nada! De outra vertente, mesmo autores que, no campo da teoria jurídica, adotaram posturas mais formalistas, como exemplo, Norberto Bobbio, no correr da última década do século XX já denunciavam a história do direito constitucional como "uma história de promessas não-cumpridas".[28] A denúncia de Bobbio delineia o horizonte do desafio posto a nós, constitucionalistas e jusfilósofos desde o final do século XX: sem abrir mão do conhecimento crítico acerca das inegáveis possibilidades de usos abusivos do direito em geral, do constitucional em especial, resgatar, em um contexto de racionalidade que se sabe limitada, o reencantamento com o direito e com a democracia; enfim, com os direitos fundamentais e com o constitucionalismo. Exatamente por isso, a atual doutrina do direito é unânime em requerer que o direito em geral e, em especial, o direito constitucional sejam uma efetividade viva, ou seja, que se traduzam na vivência cotidiana de todos nós.

Os direitos fundamentais, tal como os entendemos hoje, são o resultado de um processo histórico tremendamente rico e complexo, de uma história, a um só tempo, universal, mas sempre individualizada; comum, mas sempre plural.

Em termos de características mais gerais é possível divisar etapas tendenciais em um único processo global de aprendizado social decorrente das lutas pela afirmação do que acreditamos sejam os direitos fundamentais e a negação vivencial e histórica dessas crenças. Sempre, no entanto, esta é uma história plural, matizada regionalmente segundo as especificidades das tradições herdadas em cada país. A irracionalidade do excesso racionalista das pretensões iluministas revela-se claramente na crença em fundamentos últimos que podiam ser vistos como definitivos e imutáveis, quando sabemos hoje que permanente é somente o que é capaz de ter o seu significado renovado conjuntamente com a constante transformação da sociedade moderna. No contexto de uma racionalidade que se sabe precária, os fundamentos revelam-se frágeis *constructos* sociais, requerendo que os

---

[27] STRECK, L. L. *Hermenêutica jurídica e(m) crise*: uma exploração hermenêutica da construção do direito. Porto Alegre: Livraria do Advogado, 1999.

[28] BOBBIO, N. *A era dos direitos*. Rio de Janeiro: Elsevier, 2004.

compreendamos como conquistas históricas discursivas que, embora estruturalmente inafastáveis do processo de reprodução diuturna da sociedade moderna, por si sós, não são definitivas, ao contrário, encontram-se, elas próprias, em permanente mutação, sujeitas ao retrocesso e sempre em risco de serem manipuladas, abusadas.[29]

Vimos a fragilidade da fundamentação que, em nossa época, podemos plausivelmente oferecer à noção de direitos humanos e de direitos fundamentais e, claramente, preferimos essa expressão à outra, direitos naturais, por entendê-los conquistas históricas, aquisições evolutivas socialmente criadas, direitos institucionalizados em uma sociedade improvável, complexa. Na modernidade, vivemos em uma sociedade instável, uma sociedade que se alimenta de sua própria instabilidade, uma sociedade absolutamente implausível.

Aqui começamos a tratar explicitamente da questão dos desafios postos hoje aos direitos fundamentais. O primeiro e grande desafio é sabermos que se, por um lado, os direitos fundamentais promovem a inclusão social, por outro e a um só tempo, produzem exclusões fundamentais. A qualquer afirmação de direitos corresponde uma delimitação, ou seja, corresponde ao fechamento do corpo daqueles titulados a esses direitos, à demarcação do campo inicialmente invisível dos excluídos de tais direitos. A nossa história constitucional não somente comprova isso, como possibilita que repostulemos a questão da identidade constitucional[30] como um processo permanente em que se verifica uma constante tensão extremamente rica e complexa entre a inclusão e a exclusão e que, ao dar visibilidade à exclusão, permite a organização e a luta pela conquista de concepções cada vez mais complexas e articuladas da afirmação constitucional da igualdade e da liberdade de todos. Este é um desafio à compreensão dos direitos fundamentais; tomá-los como algo permanentemente aberto, ver a própria Constituição formal como um processo permanente, e, portanto, mutável, de afirmação da cidadania.

Uma das preocupações centrais aqui presentes volta-se para a possível contribuição de uma ciência do direito para a questão da eficácia e da efetividade do direito e da democracia. Apenas que,

---

[29] Ver MAGALHÃES, J. N. *A formação do conceito de direitos humanos*. 1. ed. Curitiba: Juruá, 2013.

[30] ROSENFELD, M. *The identity of the constitutional subject*: selfhood, citizenship, culture, and community. Routdlege: London and New York, 2010.

quando o problema é retomado de uma perspectiva posterior ao giro linguístico, o papel do conhecimento ou da ciência passa a ser bem modesto e o da comunidade de princípios,[31] como um todo, reforçado. É claro que, muito embora o enfoque tenha se tornado bem mais complexo, continuamos a considerar central o problema da tessitura aberta do direito positivo e a possível contribuição de uma teoria do direito ou, mais especificamente, de uma teoria da Constituição, para se não coibir, ao menos denunciar, as leituras abusivas das autoridades encarregadas de aplicá-lo. Aliás, este é um dos papéis centrais das academias no campo do direito: proceder ao controle discursivo dos atores institucionais como um todo, dos tribunais superiores em especial, trazendo para o debate científico e mesmo público as decisões que acreditam inconsistentes.

---

[31] Ver cap. 6 de DWORKIN, R. *O império do direito*. São Paulo: Martins Fontes, 1999.

CAPÍTULO 2

# A IMPLOSÃO E SUPERAÇÃO DO PROJETO POSITIVISTA NO DIREITO

**Sumário:** A implosão da teoria pura – O positivismo, os *hard cases* e a única resposta correta de Dworkin – O conceito de integridade na política – O conceito de integridade no direito – A teoria de Dworkin na perspectiva da teoria discursiva do Estado Democrático de Direito – Dworkin e o realismo moral – A interpretação construtiva – O papel dos princípios – Os estágios de Kohlberg

## A implosão da teoria pura

O cenário político que privilegiou a afirmação do positivismo tornava plausível a crença dos juristas no poder regulatório de regras racionalmente cunhadas por especialistas. A noção linear de progresso, num contexto de relativa homogeneidade moral e estabilidade de mercado, se comparado com o século XX, tornava possível a percepção do utilitarismo positivista de Bentham como uma força capaz de combater tradições morais reacionárias. Permitir que juízes extraíssem princípios morais, a partir da leitura da tradição jurídica, ressoaria conservadorismo e anticientificidade.[32]

As teorias positivistas buscaram estabilizar expectativas sem recorrer a tradições éticas como suporte para a legitimidade das normas jurídicas. Kelsen e Hart buscaram conceber o ordenamento jurídico como sistema fechado de regras cuja compreensão fosse

---

[32] DWORKIN, R. Hart's postscript and the point of political philosophy. *In*: DWORKIN, R. *Justice in Robes*. Cambridge: Belknap Press, 2006. p. 180.

independente da política e da moral. Reduz-se o direito a determinada história institucional, com abstração de qualquer princípio suprapositivo.[33]

O problema da legitimidade e das fontes se resolve com a explicitação de *regras de reconhecimento*, regras secundárias de identificação do direito/não direito, ou seja, regras autorreferentes do ordenamento jurídico instituidoras de autoridades e identificadoras de suas respectivas competências para decidir. A legitimidade das normas refere-se, portanto, unicamente à sua *procedência*, não à racionalidade de seu conteúdo. Essa regra de reconhecimento, porém, não pode ela mesma ser fundamentada em outra regra jurídica, devendo, portanto, ser reconhecida como um fato histórico, como parte de determinada forma de vida, aceita de forma autoevidente pelos próprios participantes do "jogo de linguagem".[34]

Como bem aponta Habermas, para o positivismo a noção de *segurança jurídica* se sobrepõe, abarca, *eclipsa* a ideia de *justiça* enquanto pretensão de *correção normativa*. A fundamentação das normas jurídicas é *puramente procedimental* – de forma bem distinta do procedimentalismo[35] de Habermas –, refere-se unicamente à sua gênese, deixando o problema do conteúdo das normas para outros âmbitos normativos ou científicos – moral, política, sociologia, história etc.

A noção do ordenamento jurídico como sistema de regras, tendo-se em vista a base teórica linguística pressuposta pelos expoentes maiores do positivismo científico, implica o reconhecimento de seu caráter impreciso, indeterminado ou lacunoso. Admitindo-se a estrutura aberta da linguagem, a pretensão de regulação de todas as

---

[33] HABERMAS, J. *Direito e democracia*: entre facticidade e validade. Rio de Janeiro: Tempo Brasileiro, 1997. p. 250.

[34] HABERMAS, J. *Direito e democracia*: entre facticidade e validade. Rio de Janeiro: Tempo Brasileiro, 1997. p. 251.

[35] Assim como Habermas, Dworkin compreende a relação entre forma e conteúdo ou procedimento e substância no direito como algo marcado por complementaridade, e não oposição. "Aqueles que dizem que a expressão 'devido processo substantivo' consiste num oxímoro, porque substância e processo são opostos, desconsideram o fato crucial de que uma demanda por coerência de princípio, que traz óbvias consequências substantivas, é parte essencial do que faz um processo de tomada de decisão ser um processo jurídico" (DWORKIN, R. Originalism and fidelity. *In*: DWORKIN, R. *Justice in Robes*. Cambridge: Belknap Press, 2006.).

possíveis condutas por meio de regras abstratas se mostra inviável, cabendo ao sistema jurídico lidar com essa indeterminação diante de sua tarefa inescapável de decidir.

Se também Kelsen parte do reconhecimento da tessitura aberta dos textos legais e constitucionais, ao contrário de Dworkin e dos autores atuais, ele pretende eliminar ou reduzir essa abertura que vê como um problema central para todo o direito.

Para o primeiro Kelsen, o da *Teoria pura* de 1933, a indeterminação dos textos legais e constitucionais poderia ser solucionada ao se eliminar o problema da arbitrariedade na aplicação do direito mediante a contribuição da ciência do direito. A *Teoria pura do direito*, a ascética ciência do direito kelseniana, deveria traçar o quadro das leituras possíveis dos textos legais e constitucionais, de tal sorte que o arbítrio inicial transformar-se-ia em discricionariedade do aplicador. Este último deveria escolher, determinar, dentro do quadro dos sentidos possíveis de um texto neutramente delineado pela doutrina, a norma, ou seja, o sentido estatal, oficial, do texto. Observadas as possibilidades interpretativas descritas sem qualquer juízo de valor pela doutrina científica, a atividade da autoridade deixaria de ser arbitrária para ser discricionária, ao proceder ao juízo de valor, próprio da sua competência e, portanto, dotada de poder vinculante, da escolha da norma a ser aplicada no interior daquele quadro de possibilidades normativas.

No entanto, na edição revista da *Teoria pura do direito*, de 1960, Kelsen procede ao famoso *giro decisionista*, alterando o capítulo oitavo da obra dedicado à questão da interpretação. Precisamente o que distingue, para Kelsen, a interpretação científica da interpretação que denomina autêntica, é o fato de a primeira ser neutra e de não ter o poder de vincular as pessoas tão somente em razão da pronúncia, como as autoridades estatais competentes para decidir e aplicar a norma jurídica o fazem. Ele se indaga agora o que aconteceria se a autoridade decidisse por um sentido que não estivesse contido no interior do quadro dos sentidos admissíveis traçado pela doutrina, e responde: azar da ciência do direito, é a autoridade que pode impor a observância das normas e não o cientista. Kelsen buscara restringir a natureza aberta dos textos mediante a contribuição de uma ciência neutra, seu fracasso, no entanto, revela a ingenuidade com que buscou enfrentar o problema da linguagem.

Para nós, é óbvio que não há dicionário ou gramática, por mais bem-feita que seja, capaz de congelar a linguagem. Dicionários e gramáticas ficam defasados em pouquíssimo tempo diante da força atribuidora de sentido da *gramática das práticas sociais* em permanente transformação. A linguagem é algo vivo e vivenciado que não se deixa aprisionar.

Paradoxalmente, só podemos enfrentar de fato os riscos, quando assumimos sua inevitabilidade, quando desistimos de exorcizá--los, de eliminá-los, e passamos a buscar controlá-los; a questão só pôde ganhar um enfrentamento mais consistente, possibilitando a criação de um instrumental de outro tipo para o controle do risco da arbitrariedade inerente à atividade interpretativa, quando se passou a assumir a natureza incontornavelmente aberta, indeterminada, de qualquer texto. É a unicidade, a irrepetibilidade da situação de aplicação que pode assegurar a imparcialidade e nunca o texto em si, ainda que apoiado em outros textos supostamente neutros, como se estes últimos, por alguma mágica, pudessem escapar do turbilhão incessante da vida e das formas de vida que marcam a nossa leitura do mundo. Esse turbilhão é, ele próprio, constitutivo do pano de fundo compartilhado de silêncio que sustenta a comunicação na linguagem, do mundo da vida, que, mediatizado institucionalmente, possibilita o advento de uma Constituição compartilhada intersubjetivamente pela comunidade de cidadãos. Pano de fundo que contém os horizontes de sentido dessa determinada comunidade enraizados na gramática de suas práticas sociais, incorporando um repositório de sentidos decorrentes tanto das práticas assentadas nas tradições quanto de novas práticas emancipatórias e transformadoras.

Tanto em Kelsen quanto em Hart, contudo, a saída termina por ser *decisionista*. A própria ciência do direito, como fica patente na obra revista de Kelsen, pode apenas indicar, mas não assegurar, qualquer *moldura de interpretações* que vincule as autoridades competentes para decidir – capazes de realizar *interpretações autênticas*, pois impositivas –, cujas decisões podem assim ter fundamentos extrajurídicos:

> A propósito, importa notar que, pela via da interpretação autêntica, quer dizer, da interpretação de uma norma pelo órgão jurídico que a tem de aplicar, não somente se realiza uma das possibilidades reveladas pela

interpretação cognoscitiva da mesma norma, como também se pode produzir uma norma que se situe completamente fora da moldura que a norma a aplicar representa.[36]

O reconhecimento de Kelsen de que não há nada a fazer se a autoridade encarregada de aplicar o direito não se deixa submeter à moldura das interpretações possíveis descrita pela ciência do direito equivale, na verdade, à aceitação da possibilidade de arbítrio da autoridade aplicadora como algo inafastável e incontrolável. A contribuição que se buscara alcançar com a *Teoria pura do direito*, expressa em seu último capítulo, perde-se agora de seu propósito original. O sentido do texto normativo, ou seja, a norma, será aquela que a autoridade afirma ser. A segurança jurídica termina por não ser crível, nem mesmo no âmbito do regulado pelas regras jurídicas expressamente positivadas. Olivier Jouanjan refere-se a esse movimento como o "colapso" da teoria pura.[37]

O positivismo jurídico de Hart[38] concebe os *hard cases* como casos que não podem ser solucionados com recurso a uma regra jurídica suficientemente clara, cabendo, portanto, ao juiz fazer uso de sua discricionariedade para decidir. Ao fazê-lo uma nova regra estaria sendo criada e aplicada retroativamente, por mais que o juiz se esforçasse para dar a entender que estaria simplesmente aplicando um direito preexistente, tentando assim salvaguardar a ficção da segurança jurídica.[39] A ideia de certeza do direito como atividade de mera cognição, ou seja, como desvelamento racional do sentido preexistente das normas, é expressamente rejeitada por Kelsen:

> A Teoria Pura destrói a visão segundo a qual as normas podem ser criadas por meio da cognição, uma concepção que decorre, em última instância, da necessidade de se imaginar o Direito como um sistema fixo que regula todos os aspectos do comportamento humano e, em especial, as atividades dos órgãos que aplicam o Direito, sobretudo as de todos os tribunais.

---

[36] KELSEN, H. *Teoria pura do direito*. São Paulo: Martins Fontes, 1998. p. 394.

[37] Apresentação de Olivier Jouanjan à tradução francesa de MÜLLER, F. *Discours de la méthode juridique*. Paris: Presses Universitaires de France, 1996.

[38] HART, H. L. A. *O conceito de direito*. Tradução de Antonio de Oliveira Sette Camara. São Paulo: Martins Fontes, 2009.

[39] DWORKIN, R. *Taking rights seriously*. Cambridge: Harvard University Press, 1977. p. 81.

A função desses últimos – e, assim, também a interpretação – há de ser vista simplesmente como o desvelamento das normas vigentes, normas que, então, hão de ser simplesmente, de uma certa maneira, reveladas. A teoria jurídica tradicional, deliberadamente ou não, se esforça por manter a ilusão da certeza jurídica.[40]

A teoria positivista da interpretação, ao igualar em essência as tarefas legislativa e judicial, especialmente diante de *hard cases*, nivela as distintas lógicas subjacentes, causando uma profunda confusão entre argumentos cuja distinção é cara a toda a estrutura política das sociedades modernas: *argumentos de política* e *argumentos de princípio*.[41] Os primeiros se referem à persecução de *objetivos e bens coletivos* considerados relevantes para o bem-estar de toda a comunidade, passíveis de transações e compromissos, enquanto os segundos fundamentam decisões que resguardam *direitos* de indivíduos ou grupos, possuindo assim um papel de garantia *contramajoritária*.[42]

# O positivismo, os *hard cases* e a única resposta correta de Dworkin

Como contraponto à tese positivista da discricionariedade judicial, o argumento de Ronald Dworkin da *única resposta correta* consiste na afirmação de que mesmo nos casos considerados pelo positivismo como *hard cases*, em que não há uma regra estabelecida dispondo claramente sobre o caso, uma das partes pode mesmo assim

---

[40] "The Pure Theory decimates the view that norms can be created by way of cognition, a view that arises in the end from the need to imagine the law as a fixed system governing every aspect of human behavior, and governing in particular the activity of the organs that apply the law, above all the courts. Their function – and thus, interpretation too – is to be seen simply as the discovery of existing norms, norms, then, that are simply to be uncovered in a certain way. The illusion of legal certainty is what traditional legal theory, wittingly or not, is striving to maintain" (KELSEN, H. On the theory of interpretation. *Legal Studies*, v. 10, n. 2, p. 127-135, 1990. p. 132).

[41] Ver cap. 2, sobre o "modelo de regras", em DWORKIN, R. *Taking rights seriously*. Cambridge: Harvard University Press, 1977.

[42] DWORKIN, R. Taking rights seriously in Beijing. *The New York Review of Books*, v. 49, n. 14, 2002. p. 82.

ter um direito preestabelecido de ter sua pretensão assegurada. Cabe ao juiz descobrir quais são esses direitos, mas isso não poderá ser obtido com auxílio de algum método ou procedimento mecanicista. Dworkin deixa claro que se trata primeiramente de uma *postura* a ser adotada pelo aplicador diante da situação concreta e com base nos princípios jurídicos, entendidos em sua *integridade*,[43] e não numa garantia metodológica, o que significa que discordâncias razoáveis sobre qual a resposta correta para cada caso exigida pelo direito podem ocorrer entre os juízes, advogados, cidadãos etc.[44]

Nos casos em que nos pareça inequívoca a atribuição de um direito a um requerente por meio da clareza de uma norma expressa (uma *regra*) – ou melhor, em que (ainda) não se sustentem argumentos em contrário em face dos dispositivos normativos invocados – fica claro que o que se exige é a prevalência de um *argumento de princípio*, mesmo que o direito em questão, previsto na norma, tenha se originado de *argumentos de política*, como exemplo, no caso de um subsídio fiscal criado com o objetivo de promover o crescimento de um setor específico da economia.

Até aqui as diferenças não se mostram com toda a sua força. Em se tratando de um *hard case*, entretanto, surge a questão sobre a aplicabilidade de cada tipo de argumento por parte do aplicador. Se os juízes atuam como *legisladores delegados*, como na concepção positivista, então toda a gama de argumentos de política está à sua disposição. Um caso pode ser decidido, na ausência de uma *regra*, de modo a promover, por exemplo, a maximização de objetivos econômicos considerados relevantes pelo juiz, ou a prevalência de valores sociais considerados superiores, sem que isso reflita necessariamente princípios jurídicos enquanto comandos normativos deontológicos. Se, por outro lado, a tarefa jurisdicional se distingue em essência da atividade legislativa, atuando como um *fórum de princípio*, nos *hard cases* as decisões também devem se basear em argumentos de princípio.[45]

---

[43] Sobre a integridade em Dworkin como teoria normativa da coerência, cf. GÜNTHER, K. Un concepto normativo de coherencia para una teoría de la argumentación jurídica. *Doxa*, n. 17/18, p. 271-302, 1995.

[44] DWORKIN, R. *Taking rights seriously*. Cambridge: Harvard University Press, 1977. p. 81.

[45] DWORKIN, R. *A matter of principle*. Cambridge: Harvard University Press, 1985. p. 69.

Dworkin rejeita a redução da legitimidade do direito à simples textualidade legal, em termos de uma gênese puramente formal do direito, como em Kelsen ou Hart. A diferenciação entre direito, moral e política deve ser mantida, mas isso se torna possível justamente pela tradução dos princípios morais e dos objetivos políticos na linguagem propriamente jurídica, internalizando e ressignificando assim seus conteúdos no direito positivo.[46]

A diferenciação *interna* ao direito entre *direitos* e *políticas*, proposta por Dworkin, reforça a distinção entre formas específicas de discursos, buscando garantir a primazia dos *argumentos de princípios*, que remetem aos *conteúdos* morais dos direitos fundamentais, sobre a argumentação teleológica e pragmática de políticas cunhadas para a realização de objetivos supostamente realizadores de bens coletivos.[47] É o Legislativo, assim, a porta de entrada dos argumentos éticos e pragmáticos próprios das políticas públicas, a serem incorporados no discurso judicial de maneira seletiva e condicionada, dado o papel de *firewall* atribuído aos direitos fundamentais, com sua linguagem deontológica, no ordenamento jurídico.[48]

A insuficiência das crenças e posturas positivistas torna-se ainda mais clara com a distinção proposta por Dworkin entre regras e princípios. A leitura positivista do direito como sistema autossuficiente de regras, que pretendem regular com alto grau de determinação suas situações de aplicação, deixa escapar a dimensão central de qualquer ordenamento jurídico pós-convencional: sua estrutura principiológica, necessariamente indeterminada em abstrato, embora determinável em concreto, aberta hermeneuticamente à construção intersubjetiva dos sentidos das normas universalistas positivadas enquanto direitos fundamentais.[49] Importante ressaltar que num sistema

---

[46] HABERMAS, J. *Direito e democracia*: entre facticidade e validade. Rio de Janeiro: Tempo Brasileiro, 1997. p. 257.

[47] DWORKIN, R. *Taking rights seriously*. Cambridge: Harvard University Press, 1977. p. 82 *et seq*.

[48] Robert Alexy critica a distinção proposta por Dworkin entre princípios e políticas por considerá-la "por demais estreita" (ALEXY, R. *Teoria de los derechos fundamentales*. Madrid: Centro de Estudios Constitucionales, 1993. p. 111).

[49] Essa característica da aplicação jurídica, mesmo se tratando de regras, também não é captada da mesma forma na teoria de Alexy. Cf. ALEXY, R. Sistema jurídico, principios jurídicos y razón práctica. *Doxa*, n. 5, p. 139-151, 1988.

principiológico mesmo as regras, que especificam com maior detalhe as suas hipóteses de aplicação, não são capazes de esgotá-las; podem, portanto, ter sua aplicação afastada diante de princípios, sempre com base na análise e no cotejo das reconstruções fáticas e das pretensões a direito levantadas pelas partes na reconstrução das especificidades próprias daquele determinado caso concreto.

A perspectiva decisionista a que chega o positivismo em face da reconhecida indeterminação das regras é rechaçada assim pelo caráter normativo dos princípios jurídicos que, embora muito gerais e abstratos, exigem do intérprete densificação, com especial atenção à história institucional e à sistematicidade do conjunto de princípios reciprocamente vinculados do direito. Essa exigência de Dworkin é bem apreendida por Habermas:

> Depois que o direito moderno se emancipou de fundamentos sagrados e se distanciou de contextos religiosos e metafísicos, não se torna simplesmente contingente, como o positivismo defende. Entretanto, ele também não se encontra simplesmente à disposição de objetivos do poder político, como um *medium* sem estrutura interna própria, como é defendido pelo realismo. O momento da indisponibilidade, que se afirma no sentido de validade deontológica dos direitos, aponta, ao invés disso, para uma averiguação – orientada por princípios – das "únicas decisões corretas".[50]

É nesse sentido que pode Dworkin falar da exigência de se buscar a *única decisão correta* autorizada pelo ordenamento: não como mandamento inscrito *a priori* nas normas gerais e abstratas, mas como *postura* a ser assumida pelo aplicador em face das questões aparentemente não reguladas apresentadas pelos *hard cases*, de densificação dos sentidos abstratos em face de um compartilhamento existente, embora sempre passível de ser problematizado e polemizado, do sentido vivencial dos princípios jurídicos, presente naquela determinada comunidade de princípios, tanto na assimilação prática dos direitos pela sociedade em seu quotidiano, em suas lutas, reivindicações por posições interpretativas e em seu aprendizado histórico, quanto na reafirmação institucional do sentido dessa história pelos órgãos oficiais.

---

[50] HABERMAS, J. *Direito e democracia*: entre facticidade e validade. Rio de Janeiro: Tempo Brasileiro, 1997. p. 259.

# O conceito de integridade na política

Para Dworkin, é precisamente o conteúdo moral incorporado ao direito como direitos fundamentais, funcionando como direito e não mais como moral, que garante o pluralismo e a crescente complexidade da sociedade moderna.

Essa relação é um suposto inafastável da teoria do direito de Dworkin. Para ele é tarefa de uma comunidade concreta densificar, interpretar reflexivamente, esses princípios. Essa comunidade não mais pode compreender a si mesma como um grupo de pessoas unidas apenas por razões acidentais, externas e incontroláveis, históricas ou territoriais (o estágio pré-convencional de Kohlberg).[51] Tampouco não é mais capaz de se ver como um grupo apenas por terem estado submetidos às mesmas normas, decorrentes de um procedimento aceito, a partir, por exemplo, de uma regra de reconhecimento (o estágio convencional de Kohlberg).

Uma verdadeira comunidade, que Dworkin denomina princípios, é uma comunidade especial. Além de compartilhar esses princípios comuns, eles a compreendem como uma comunidade de princípio, pois seus membros se reconhecem reciprocamente como livres e iguais, há um respeito pela diferença do outro que não se confunde com a emoção moral, o altruísmo ou o amor. As obrigações recíprocas dessa comunidade decorrem dessa natureza especial que lhe é constitutiva. Não se obedece a essas normas como realização de uma justiça global, universal, no exemplo dado por Dworkin. Tais obrigações nascem justamente desse senso de pertencimento a uma comunidade que compartilha os mesmos princípios.

## O conceito de integridade no direito

Assim, para Dworkin, o direito é um sistema aberto de princípios e regras. Princípios são normas abertas e que não buscam controlar previamente sua própria aplicação. Regras são

---

[51] Sobre os estágios de desenvolvimento moral, ver o tópico "O papel dos princípios – Os estágios de Kohlberg".

proposições normativas que buscam controlar a sua aplicação, por isso, no segundo modelo de comunidade, e na primeira fase do estágio pós-convencional, conduziram a aplicação dos próprios princípios a ser pensada e praticada como uma aplicação que deveria se conformar à típica das regras. Já os princípios, por sua vez, conquanto sejam abertos e indeterminados, são, porém, passíveis de serem densificados nas situações concretas de aplicação segundo a sua adequabilidade à unicidade e irrepetibilidade das características do caso em tela, em termos de sua capacidade de regência, sem produzir resíduos de injustiça, ante os demais princípios.

Por isso mesmo, princípios contrários são não somente opostos, mas se requerem complementarmente como parte da integridade complexa do direito no momento de sua aplicação, nunca podem ser considerados isoladamente; já as regras, em seu modo típico de aplicação, ao invés, requerem a crença que hoje sabemos implausível de que as normas, por si sós, seriam capazes de regular as situações sempre individuais, concretas e infinitamente complexas da vida, sem a mediação do aplicador. Por isso puderam gerar a crença em uma concepção de imparcialidade do aplicador que requereria a sua cegueira às especificidades das situações de aplicação, dando curso ao mito iluminista, totalmente irracional, sabemos hoje, exatamente pela confiança excessiva em uma racionalidade sobre-humana, perfeita, eterna, isenta de todos condicionantes que marcam nossa humanidade, segundo o qual a elaboração de normas gerais e abstratas perfeitas eliminaria o problema do direito, pois ao aplicador restaria apenas um trabalho de aplicação mecânica e silogística dessas mesmas normas às situações concretas de vida sempre passíveis de serem reduzidas a situações padrão. Desconhecia-se, precisamente, que o advento de normas gerais e abstratas, válidas para toda a sociedade, incrementam a complexidade social em geral, e do direito em especial, sempre abrindo a possibilidade, pelo simples fato de terem sido positivadas, de que pretensões abusivas de aplicação em situações concretas que, na verdade, nunca se deixaram reger por elas, venham a ser levantadas. Aprendemos a duras penas que racional é o saber que sabe da precariedade de nosso próprio saber e busca lidar racionalmente com os riscos que ela acarreta.

O ponto de partida de Dworkin aqui, portanto, é o da crítica ao excesso de racionalidade inconsciente que marcava a visão anterior não só do conceito de ciência mas do próprio conceito de direito, de norma e de ordenamento jurídico, é saber que uma norma geral e abstrata nunca regulará por si só as situações de aplicação individuais e concretas, até mesmo pela incorporação de maior complexidade ao ordenamento de princípios que a sua adoção necessariamente significa, ao dar uma maior densidade aos princípios constitucionais básicos e ao, simultaneamente, abrir novas possibilidades de pretensões abusivas. Assim é que para ele, todas as normas, mesmo as regras, que se constitucionalmente válidas nada mais são do que densificações desses princípios naquele campo específico de sua força irradiadora, sejam sempre aplicadas de modo racional, ou melhor, com a clareza de que, por si sós, nada regulam, pois requerem a intermediação da sensibilidade do intérprete capaz de reconstruir não o sentido de um texto normativo tido como *a priori* aplicável, mas aquela específica situação individual e concreta de aplicação, em sua unicidade e irrepetibilidade, do ponto de vista de todos os envolvidos. Dessa forma levam-se a sério as pretensões a direitos, as pretensões normativas, levantadas por cada um deles, para garantir a integridade do direito, ou seja, que se assegure na decisão, a um só tempo, a aplicação de uma norma previamente aprovada (*fairness* – aqui empregada no sentido de respeito às regras do jogo, algo próximo do que Kelsen denominava certeza do direito) e a justiça no caso concreto, cada caso é único e irrepetível. É nesse contexto que Dworkin levanta a tese da única resposta correta.

A integridade do direito significa, a um só tempo, a densificação vivencial do ideal da comunidade de princípio, ou seja, uma comunidade em que seus membros se reconhecem reciprocamente como livres e iguais e como coautores das leis que fizeram para reger efetivamente a sua vida cotidiana em comum, bem como, em uma dimensão diacrônica, a leitura à melhor luz da sua história institucional como um processo de aprendizado em que cada geração busca, da melhor forma que pode, vivenciar esse ideal. Desse segundo sentido decorre a metáfora do romance em cadeia.[52]

---

[52] Ver. cap. 7 de DWORKIN, R. *O império do direito*. São Paulo: Martins Fontes, 1999.

Ao levarmos em conta a história constitucional, podemos ver o que esse duro processo de aprendizado institucional nos ensinou a respeito dos direitos fundamentais à igualdade e à liberdade. A produtiva tensão constitutiva inerente a esses princípios encontra-se presente em todas as dicotomias clássicas típicas da modernidade, como público e privado, soberania popular e constitucionalismo, republicanismo e liberalismo etc., pois apenas aparentemente apresentam uma natureza paradoxal. Também aqui esses polos efetivamente opostos são também, a um só tempo, constitutivos um do outro, de tal sorte que instauram uma rica, produtiva e permanente tensão, capaz de dotar a doutrina constitucional da complexidade necessária para enfrentar problemas que ela antes nem era capaz de ver.

Não há espaço público sem respeito aos direitos privados à diferença, nem direitos privados que não sejam, em si mesmos, destinados a preservar o respeito público às diferenças individuais e coletivas na vida social. Não há democracia, soberania popular, sem a observância dos limites constitucionais à vontade da maioria, pois aí há, na verdade, ditadura; nem constitucionalismo sem legitimidade popular, pois aí há autoritarismo.

A igualdade do respeito às diferenças inclui e, ao mesmo tempo, exclui. Sempre que afirmamos quem somos nós, os titulares do direito à igualdade, fechamos o sujeito constitucional que, conforme nos ensina Michel Rosenfeld[53] e requer o §2º do art. 5º da Constituição da República, há que sempre permanecer aberto ao reconhecimento como igualdade de diferenças antes discriminadas e insustentáveis em um debate público quando questionadas.

# A teoria de Dworkin na perspectiva da teoria discursiva do Estado Democrático de Direito

A teoria jurídica de Ronald Dworkin busca superar os desafios e as perspectivas colocadas pelas teorias *hermenêuticas*,[54]

---

[53] ROSENFELD, M. *A identidade do sujeito constitucional*. Belo Horizonte: Mandamentos, 2003.

[54] Segundo Habermas, a hermenêutica "[...] resolve o problema da racionalidade da jurisprudência através da inserção contextualista da razão no complexo histórico da

*realistas*[55] e *positivistas.* Dworkin se propõe a lidar com o direito de uma perspectiva deontológica – a pressupor a *possibilidade* e *necessidade* da fundamentação das decisões em termos de *correção normativa* –, atribuindo ao ordenamento jurídico a dupla tarefa de garantir simultaneamente os requisitos de *segurança jurídica* (*fairness* e *due process* – respeito aos procedimentos e às regras preestabelecidas) e de *justiça* (correção normativa substantiva, tendo-se em vista o *conteúdo moral* dos direitos fundamentais democraticamente positivados):

> De um lado, o princípio da segurança jurídica exige decisões tomadas consistentemente, no quadro da ordem jurídica estabelecida. [...] [A] história institucional do direito forma o pano de fundo de toda a prática de decisão atual. [...] De outro lado, a pretensão à legitimidade da ordem jurídica implica decisões, as quais não podem limitar-se a concordar com o tratamento de casos semelhantes no passado e com o sistema jurídico vigente, pois devem ser fundamentadas racionalmente.[56]

Concebendo o ordenamento jurídico como composto fundamentalmente por *princípios*, que estruturalmente não buscam esgotar de forma autorreferencial suas possibilidades de aplicação, Dworkin busca *no interior do próprio direito* as respostas para questões supostamente apontadoras de "lacunas" no ordenamento (ausência de regramento específico). O recurso à história institucional e ao pano de fundo compartilhado de sentidos também se faz necessário, mas, ao contrário da *hermenêutica*, esse arcabouço não deve ser aprendido como tradição *inescapável*, já que a própria atribuição de conteúdo moral (abstrato e universal) aos direitos fundamentais positivados oferece uma perspectiva crítica – um crivo de validade – para a consideração das tradições e da possibilidade de sua recepção para a solução de casos atuais.

---

tradição. E, nesta linha, a pré-compreensão do juiz é determinada através dos *topoi* de um contexto ético tradicional" (HABERMAS, J. *Direito e democracia*: entre facticidade e validade. Rio de Janeiro: Tempo Brasileiro, 1997. p. 248).

[55] Em síntese, o realismo jurídico reduz o direito a relações de causalidade, minimizando ou eliminando seu caráter propriamente normativo. Sua referência inicial clássica é HOLMES JR., O. W. The path of the law. *Harvard Law Review*, v. 10, n. 457, 1897.

[56] HABERMAS, J. *Direito e democracia*: entre facticidade e validade. Rio de Janeiro: Tempo Brasileiro, 1997. p. 246.

# Dworkin e o realismo moral

Valendo-se de uma linguagem própria da tradição filosófica do *realismo moral*,[57] [58] Dworkin pode afirmar que tais direitos humanos (*moral rights*) "existem", isso é, seu conteúdo pode ser considerado "verdadeiro" —[59] [60] o que para a teoria de Habermas só pode ser lido como expressão da "validade" e da "legitimidade" de tais direitos, já que normas se situam primordialmente no plano da *validade*, e não da *faticidade*:

> Ambos compartilhamos a crítica aos enfoques não cognitivistas. Mas, enquanto o professor Dworkin adota a linguagem do realismo moral, ou pelo menos não encontra nenhuma razão para deixar de fazê-lo, eu acredito que se deveria evitar falar sobre fatos morais. Creio que a razão para tanto seja evidente, e gostaria de formular de algum modo o ponto em disputa. Não existe nada que corresponda à afirmação "ninguém deveria participar de um extermínio étnico". Não há nenhum fato que corresponda a uma afirmação como essa. Tais afirmações não dizem como são as coisas ou como as coisas estão conectadas entre si (para usar uma expressão do nosso amigo Rorty). Elas nos dizem o que devemos ou não devemos fazer. Em casos como esses, ao invés de levar adiante um discurso que afirma a existência de fatos, em lugar de dizer: "existem

---

[57] "Aplicação do realismo aos juízos da ética e, entre outras coisas, aos valores, obrigações e direitos que são apresentados nas teorias éticas. A idéia principal é ver *a verdade moral como algo fundado na natureza das coisas*, e não nas reações humanas, subjetivas e variáveis, às coisas. Como acontece ao realismo em outras áreas, o realismo moral é suscetível de muitas formulações diferentes. Podemos dizer que, de uma maneira geral, *o realismo tem a aspiração de proteger a objetividade dos juízos éticos* (opondo-se ao subjetivismo e ao relativismo); pode equiparar as verdades morais às da matemática, pode ter a esperança de que elas tenham aprovação divina [...], ou vê-las como algo que é garantido pela natureza humana" (BLACKBURN, S. Realismo moral. *In*: BLACKBURN, S. *Dicionário Oxford de filosofia*. Consultoria da edição brasileira Danilo Marcondes. Rio de Janeiro: Jorge Zahar, 1997. p. 336. Grifos nossos).

[58] Jean Piaget considera o "realismo moral" como a concepção de existência das regras morais de forma independente dos sujeitos, sendo típica do segundo estágio de consciência normativa no desenvolvimento infantil, em que a relação da criança com as normas é cunhada autoritariamente (GÜNTHER, K. *The sense of appropriateness*: application discourses in morality and law. Albany: State University of New York Press, 1993. p. 115).

[59] DWORKIN, R. Objectivity and truth: you'd better believe it. *Philosophy & Public Affairs*, v. 25, n. 2, p. 87-139, 1996.

[60] Embora adote a tese da objetividade de juízos morais, Dworkin explicitamente rejeita o realismo moral, já que, na linha de David Hume, considera que juízos normativos não podem derivar de fatos. Ver DWORKIN, R. *Justice for hedgehogs*. Cambridge: Belknap Press, 2011. p. 67.

tais e tais direitos", prefiro dizer que nós criamos estes e aqueles direitos, dos quais alguns, inclusive, merecem reconhecimento universal.[61]

Para ambos os autores, portanto, a *razão prática*[62] implica a possibilidade de um ponto de vista moral, universalista e deontológico, indicador da prevalência normativa do *justo* sobre o *bom*, a exigir que a sociedade – por meio de suas instituições, no caso do direito – trate todos os seus membros como merecedores de *igual respeito e consideração*.[63]

A teoria dos direitos de Dworkin exige uma compreensão deontológica de pretensões de validade jurídicas. Com isso ele rompe o círculo no qual se enreda a hermenêutica jurídica com seu recurso a *topoi* historicamente comprovados de um *ethos* transmitido. Dworkin interpreta o *princípio hermenêutico* de modo construtivista.

Como podemos perceber, se levarmos em conta as distintas tradições e escolas teóricas, o debate sobre a relação entre direito e moral de Habermas e Dworkin redunda, no fim das contas, essencialmente terminológico.

Para ambos os autores, portanto, é o conteúdo moral *traduzido* para o código especificamente jurídico que confere aos direitos fundamentais o *status* de incondicionalidade em face dos demais bens ou valores sociais. Da incondicionalidade dos *direitos* resulta seu funcionamento como *trunfos* em face de possíveis abusos justificados com base em *políticas* de maximização de finalidades coletivas.

Naturalmente a moral, no papel de uma *medida para o direito correto*, tem a sua sede primariamente na formação política da vontade do

---

[61] "Ambos compartimos la crítica a los *enfoques no cognitivistas*. Ahora bien, mientras que el profesor Dworkin adopta el lenguaje del realismo moral, o al menos no encuentra ninguna razón para evitarlo, yo creo que se debería evitar hablar sobre hechos morales. Creo que la razón es evidente y quisiera formular de algún modo el punto en disputa. No existe nada que se corresponda con la afirmación 'nadie debería participar en un exterminio étnico'. No hay ningún hecho que se corresponda con afirmaciones como ésta. Tales afirmaciones no dicen cómo son las cosas o cómo las cosas están conectadas entre sí (para usar una expresión de nuestro amigo Rorty). Ellas nos dicen qué es lo que debemos o no debemos hacer. En estos casos, en lugar de llevar adelante un discurso que afirma la existencia de hechos; en lugar de decir: 'hay tales y tales derechos', prefiero decir que nosotros creamos estos y aquellos derechos, de los cuales algunos incluso merecen un reconocimiento universal" (DWORKIN, R.; HABERMAS, J. *et al*. ¿Impera el derecho sobre la política?. *Revista Argentina de Teoría Jurídica de la Universidad Torcuato Di Tella*, v. 1, n. 1, 1999. Grifos nossos).

[62] Conferir o tópico "Resgate discursivo da razão prática".

[63] HABERMAS, J. *Direito e democracia*: entre facticidade e validade. Rio de Janeiro: Tempo Brasileiro, 1997. p. 252 *et seq*.

legislador e na comunicação política da esfera pública. Os exemplos apresentados para uma moral *no direito* significam apenas que certos conteúdos morais são traduzidos para o código do direito e revestidos com um outro modo de validade. Uma sobreposição dos conteúdos não modifica a diferenciação entre direito e moral.[64]

A justificação de decisões jurídicas com base em princípios de conteúdo moral, portanto, não é *extrajurídica* na medida em que tais conteúdos possam ser identificados como integrados aos princípios fundamentais do próprio ordenamento.

Além disso, deve-se ressaltar que o fato de Dworkin entender os direitos humanos como princípios universais, dotados de conteúdo moral, não significa que a interpretação e densificação dada a eles pelas diversas ordens jurídicas não possa legitimamente variar. Para o autor torna-se relevante a distinção entre interpretações de boa-fé e de má-fé atribuídas pelos governos aos direitos e às ações justificadas por eles; o compromisso, ao menos em princípio, com o respeito pelos direitos humanos demonstrado por um governo ou instituição mostra-se relevante para a interpretação de seus atos.[65] O direito humano fundamental é, para Dworkin,[66] o de ser tratado pelas instituições detentoras de autoridade com certa atitude ou postura, qual seja, a que reflita o igual respeito e consideração pela dignidade de cada um.[67]

## A interpretação construtiva

Em que pese a adoção da terminologia do realismo moral, Dworkin se vale de uma postura *construtivista* para lidar produtivamente

---

[64] HABERMAS, J. *Direito e democracia*: entre facticidade e validade. Rio de Janeiro: Tempo Brasileiro, 1997. p. 256.

[65] Sobre a postura de sistemático desrespeito pelos direitos humanos na China, cf. DWORKIN, R. Taking rights seriously in Beijing. *The New York Review of Books*, v. 49, n. 14, 2002.

[66] DWORKIN, R. *Is democracy possible here?*: Principles for a new political debate. Princeton: Princeton University Press, 2006. p. 35.

[67] Dworkin compreende a dignidade humana como um princípio de duas dimensões, correspondentes ao princípio de que cada pessoa deve ser tratada como portadora de valor intrínseco (como na concepção kantiana de "fim em si mesmo"), e ao princípio da responsabilidade pessoal, segundo o qual cada pessoa tem especial responsabilidade pela realização de seus objetivos de vida (DWORKIN, R. *Is democracy possible here?*: Principles for a new political debate. Princeton: Princeton University Press, 2006. p. 9 *et seq.*).

com o princípio hermenêutico, de modo a não permitir que as tradições se legitimem de maneira autônoma e acrítica, pois exige a reflexividade ética com base em uma noção universalista de direitos fundamentais ou humanos (*moral rights*).[68]

A *atitude interpretativa* adotada e descrita por Dworkin funciona do ponto de vista *interno*, dos próprios intérpretes. Diante da consciência da condição linguístico-paradigmática de todo saber, percebe-se que o próprio conceito de *interpretação* é um conceito interpretativo; por isso afirma Dworkin que "uma teoria da interpretação é uma interpretação da prática dominante de usar conceitos interpretativos".[69] Essa circularidade é inescapável, já que um ponto de vista completamente externo, *arquimediano*,[70] resta implausível. A própria ideia de única resposta correta, é claro, não poderá fugir a essa circularidade.

A *interpretação construtiva* é o modelo hermenêutico adotado por Dworkin para lidar com obras de expressão humana, em especial o direito. Em contraste com a *interpretação científica* empírica, em que se busca a interpretação de dados fáticos, e com a *interpretação conversacional*, em que a *intenção do falante* é o objeto central, Dworkin aponta a semelhança entre a interpretação de uma prática social e a *interpretação artística*, no seguinte sentido:

> Ambas pretendem interpretar *algo criado pelas pessoas como uma entidade distinta delas*, e não o que as pessoas dizem, como na interpretação da conversação, ou fatos não criados pelas pessoas, como no caso da interpretação científica. [...] atribuirei a ambas a designação de formas de interpretação "criativa".[71]

---

[68] Norberto Bobbio ressalta o caráter intraduzível da distinção entre *legal rights* e *moral rights*. Para o autor a expressão *moral rights* ocuparia o lugar destinado a "direitos naturais" na tradição jurídica europeia continental (BOBBIO, N. *A era dos direitos*. Rio de Janeiro: Elsevier, 2004. p. 27). É de se ressaltar, entretanto, que é muitas vezes problemática a identificação entre esses termos, e entendemos que, ao menos no caso de Dworkin, faz mais sentido entender *moral rights* como direitos fundamentais ou direitos humanos, a depender do contexto.

[69] DWORKIN, R. *O império do direito*. São Paulo: Martins Fontes, 1999. p. 60.

[70] A perspectiva filosófica arquimediana seria aquela típica da "meta-ética" e de certas abordagens da filosofia do direito, como a de Hart, que supostamente estudariam, mas não participariam de algum aspecto da vida social. Cf. DWORKIN, R. Hart's postscript and the point of political philosophy. *In*: DWORKIN, R. *Justice in Robes*. Cambridge: Belknap Press, 2006. p. 141 *et seq*.

[71] DWORKIN, R. *O império do direito*. São Paulo: Martins Fontes, 1999. p. 61.

Os propósitos que estão em jogo na interpretação criativa construtiva das obras de arte e das práticas sociais, como o direito, são fundamentalmente os do intérprete, não os do autor. Atribui-se um propósito a um objeto ou a uma prática, tornando-o o melhor possível em face de seu campo temático. O que não quer dizer que o objeto não imponha limites à interpretação; a própria natureza intersubjetiva, paradigmática da interpretação vai exigir condições de plausibilidade para qualquer leitura, especialmente em face de uma história interpretativa minimamente compartilhada. Sua validação é, portanto, ao final, discursiva na verificação de racionalidade. Por isso afirma Dworkin que "do ponto de vista construtivo, a interpretação criativa é um caso de interação entre propósito e objeto".[72]

Dworkin retoma assim o debate sobre hermenêutica travado entre Gadamer e Habermas[73] para identificar, nas críticas desse, o aspecto construtivo da interpretação, verificado na suposição da possibilidade de que os autores do objeto a ser interpretado poderiam também aprender com os intérpretes sobre o próprio objeto em questão, em contraposição à postura de Gadamer, de subordinação do intérprete ao autor; para Habermas haveria uma via de mão dupla na interpretação.[74]

Diante do reconhecimento do caráter paradigmático do conhecimento pelas próprias ciências, como em Thomas Kuhn,[75] Dworkin sugere que, ao final, a interpretação criativa construtivamente enfocada nos permite compreender melhor a tarefa de interpretação em qualquer campo do saber, pois "toda interpretação tenta tornar um objeto o melhor possível",[76] no contexto do empreendimento travado, segundo seus critérios específicos.

As pessoas traduzem o que outras disseram − tanto através da mesa de jantar quanto através dos séculos − por meio de um processo de

---

[72] DWORKIN, R. *O império do direito*. São Paulo: Martins Fontes, 1999. p. 64.
[73] Essa rica discussão foi de grande relevância no posterior desenvolvimento da teoria da ação comunicativa de Habermas. Cf. HABERMAS, J. A pretensão de universalidade da hermenêutica. *In*: HABERMAS, J. *Dialética e hermenêutica*. Porto Alegre: L&PM, 1987. p. 26-71.
[74] DWORKIN, R. *O império do direito*. São Paulo: Martins Fontes, 1999. p. 62, nota n. 2.
[75] KUHN, T. S. *A estrutura das revoluções científicas*. São Paulo: Perspectiva, 1996
[76] DWORKIN, R. *O império do direito*. São Paulo: Martins Fontes, 1999. p. 65.

interpretação construtiva que tem por objetivo não espiar dentro dos crânios, mas sim elaborar da melhor maneira possível o sentido de suas falas e de outros comportamentos. Trata-se de um processo normativo, e não "empírico".[77]

A noção de paradigma, ressalta Habermas,[78] desempenha uma função central na teoria do direito de Dworkin ao formar o pano de fundo de suporte a "teorias jurídicas" capazes de reconstruir o ordenamento jurídico, sistemicamente estruturado em princípios, de que devem se valer os aplicadores para buscar decisões corretas que mostrem o direito como um todo em sua *melhor luz*, como um empreendimento coletivo legítimo de uma comunidade de princípios, que trate todos os seus membros como merecedores de igual respeito e consideração.

Dworkin ressalta que não é em qualquer tipo de comunidade que as ideias de única resposta correta e integridade, baseadas em princípios, terão lugar como elemento integrante de sua moralidade política. Num modelo de comunidade *de fato*, em que as pessoas não se sentem vinculadas por nenhuma responsabilidade em especial, e num modelo de comunidade *de regras*, em que a responsabilidade recíproca se baseia em meras convenções contratuais, o tipo de vínculo existente entre os cidadãos e de responsabilidade exigível da comunidade não remete necessariamente a princípios de conteúdo moral. A postura adotada pelos membros da comunidade de fato pode ser puramente estratégica; na comunidade de regras, o puro pragmatismo é balizado por acordos de tipo contratual, vistos como *limites* à ação; apenas numa comunidade de princípios as normas estabelecidas podem ganhar conteúdo universal e serem vistas como condição de possibilidade para a liberdade e a igualdade, para

---

[77] "People translate what other people have said – across the dining table as well as across the centuries – by a process of constructive interpretation that aims not at intracranial peeks but at making the best sense possible of their speech and other behavior. That is a normative, not an 'empirical', process" (DWORKIN, R. Originalism and fidelity. *In*: DWORKIN, R. *Justice in Robes*. Cambridge: Belknap Press, 2006. p. 127).

[78] HABERMAS, J. *Direito e democracia*: entre facticidade e validade. Rio de Janeiro: Tempo Brasileiro, 1997. p. 261.

além de limites convencionais, e passam a requerer a integridade na compreensão de seus princípios.[79]

Essa leitura de Dworkin sobre o tipo de vínculo intersubjetivo dos cidadãos e de sua postura diante das normas, bem como sobre o papel dos princípios numa comunidade política nos remete à teoria dos estágios de desenvolvimento moral, especialmente como desenvolvida por Lawrence Kohlberg, que veremos a seguir.

## O papel dos princípios – Os estágios de Kohlberg

Os estudos realizados por Lawrence Kohlberg na Universidade de Chicago foram de grande relevância para o desenvolvimento de um corpo teórico analítico empiricamente embasado capaz de comprovar o sentido prático de teorias morais formalistas. Em sua tese de doutorado, em que estudou o desenvolvimento moral em crianças e adolescentes de 10 a 16 anos,[80] Kohlberg ampliou e desenvolveu conceitos sobre o desenvolvimento cognitivo e moral trabalhados por Jean Piaget. Posteriormente, estendeu seus estudos empíricos para grupos de crianças e adolescentes de diversas culturas ao redor do mundo, demonstrando o caráter universal das etapas de desenvolvimento descobertas por ele.[81]

Trabalhando com a ideia de distintos níveis de percepção do caráter heterônomo ou autônomo das normas sociais, perceptíveis tanto no desenvolvimento dos indivíduos quanto no das sociedades, a teoria de Kohlberg delineia a diferença entre os níveis pré-convencional, convencional e pós-convencional (*vide* Tabela 1), sendo cada nível subdividido em dois estágios. Para o nosso tema mostram-se relevantes especialmente os dois últimos níveis, nos

---

[79] DWORKIN, R. *O império do direito*. São Paulo: Martins Fontes, 1999. p. 252 *et seq.*

[80] KOHLBERG, L. The development of modes of moral thinking and choice in the years 10 to 16. *Department of Psychology*. Chicago, University of Chicago. Ph.D.: 491, 1958.

[81] O caráter universal das etapas definidas por Kohlberg é debatida, em uma perspectiva feminista, por Carol Gilligan, que fora sua aluna. Um dos pontos por ela questionado é o fato de as pesquisas inicias de Kohlberg terem sido realizadas apenas com jovens do sexo masculino. Ver GILLIGAN, C. *In a diferente voice*: psychological theory and women's development. Cambridge: Harvard University Press, 1982.

quais podemos localizar as compreensões e teorias normativas[82] mais relevantes nas sociedades contemporâneas.[83]

Os aspectos mais relevantes de cada nível e estágio estão resumidos na seguinte tabela, que vale a pena transcrever:

Tabela 1 – Definição dos estágios morais[84]

(continua)

| Níveis | Estágios |
|---|---|
| I. Nível pré-convencional:<br>Neste nível a criança responde às regras e aos rótulos culturais de bom e mau, de certo ou errado, mas interpreta estes rótulos nos termos das consequências físicas ou hedonistas da ação (punição, recompensa, troca de favores) ou em termos do poder físico daqueles que enunciam as regras e os rótulos. O nível é dividido nos seguintes dois estágios: | **Estágio 1**: *A orientação pela punição e obediência*. As consequências físicas da ação determinam se são boas ou ruins, não obstante o significado ou o valor humano destas consequências. O evitar a punição e a deferência incontroversa ao poder são avaliados por si sós, não nos termos do respeito por uma ordem moral subjacente a ser apoiada pela punição e pela autoridade (este será o estágio 4). |
| | **Estágio 2**: *A orientação instrumental-relativista*. A ação correta consiste naquela que satisfaz instrumentalmente as próprias necessidades da pessoa e, ocasionalmente, às necessidades de outras. As relações humanas são vistas em termos semelhantes aos das relações de mercado. Elementos de *fairness*, de reciprocidade, e de compartilhamento igualitário estão presentes, mas são interpretados sempre de uma maneira físico-pragmática. Reciprocidade é uma questão de "você coça as minhas costas e eu coçarei as suas", não de lealdade, gratidão ou justiça. |

---

[82] Em entrevistas realizadas com diversos filósofos, Kohlberg pôde verificar que eles desenvolvem suas teorias de forma inter-relacionada com seus respectivos estágios "naturais", e todos eles argumentam com base nos estágios 5 e 6, os mais elevados. Cf. KOHLBERG, L. The claim to moral adequacy of a highest stage of moral judgment. *The Journal of Philosophy*, v. 70, n. 18, p. 630-646, 1973.

[83] Note-se que a teoria de Kohlberg busca evidenciar diferenças formais entre os modos de raciocínio moral nos distintos estágios. Especialmente quando aplicada em referência a sociedades distintas em diferentes épocas, não implica, portanto, um juízo sobre a qualidade ou correção das respectivas ideias morais. O autor ressalta que os estágios morais identificados em sociedades distintas correspondem aos graus de abstração e complexidade exigidos pelas estruturas sociais existentes em relação à compreensão das normas.

[84] KOHLBERG, L. The claim to moral adequacy of a highest stage of moral judgment. *The Journal of Philosophy*, v. 70, n. 18, p. 630-646, 1973. p. 631-632. Tradução livre.

(conclusão)

| Níveis | Estágios |
|---|---|
| II. Nível convencional:<br>Neste nível, manter as expectativas da família, do grupo, ou da nação é percebido como algo de valor por si só, não importando as consequências imediatas e óbvias. É uma atitude não somente de conformidade às expectativas pessoais e à ordem social, mas de lealdade a ela, que busca ativamente manter, apoiar e justificar a ordem, e de se identificar com as pessoas ou grupo envolvidos por ela. Neste nível, há os seguintes dois estágios: | **Estágio 3**: *A orientação pela concordância interpessoal ou do "bom menino – boa menina".* O bom comportamento é aquele que satisfaz ou ajuda outros e é aprovado por eles. Há grande conformação às imagens estereotipadas do que seja o comportamento da maioria ou "natural". O comportamento é julgado frequentemente pela intenção – "ele teve boa intenção" se torna importante pela primeira vez. Ganha-se aprovação sendo "agradável". |
| | **Estágio 4**: *A orientação da "lei e ordem".* Há uma orientação em direção à autoridade, às regras fixas, e à manutenção da ordem social. O comportamento correto consiste em cumprir o seu dever, mostrar respeito pela autoridade, e em manter a ordem social estabelecida como um bem em si mesmo. |
| III. Nível pós-convencional, autônomo ou principiológico:<br>Neste nível há um claro esforço no sentido de definir os valores morais e os princípios cuja validade e aplicação se separem da autoridade dos grupos ou das pessoas que a detêm e apartada da própria identificação do indivíduo com estes grupos. Há neste nível outra vez dois estágios: | **Estágio 5**: *A orientação legalista do contrato-social,* geralmente com tons utilitaristas. A ação correta tende a ser definida nos termos de direitos individuais gerais, e de padrões que tenham sido criticamente examinados e acordados pela sociedade como um todo. Há uma clara consciência do relativismo de valores e de opiniões pessoais e uma correspondente ênfase nas regras procedimentais para a obtenção de consenso. Com exceção do que é acordado constitucional e democraticamente, o direito é uma questão de "valores" e de "opiniões" pessoais. O resultado é a ênfase no "ponto de vista legal", mas enfatizando a possibilidade de se mudar o direito com base em considerações racionais de utilidade social (ao invés de congelá-lo nos termos do estágio 4 – "lei e ordem"). Fora da esfera legal, o livre acordo e o contrato são o elemento vinculante das obrigações. |
| | **Estágio 6**: *A orientação pelo princípio ético-universal.* O direito é definido pela decisão de consciência de acordo com os princípios éticos autodeterminados que apelam à compreensividade lógica, à universalidade, e à consistência. Estes princípios são abstratos e éticos (a Regra de Ouro, o imperativo categórico); não são regras morais concretas como os Dez Mandamentos. Fundamentalmente, são princípios universais de justiça, reciprocidade, igualdade dos direitos humanos e respeito pela dignidade dos seres humanos como indivíduos. |

Como podemos perceber, apenas no terceiro nível, o pós-convencional, os princípios adquirem papel central na auto compreensão normativa das sociedades. Ao estudarmos as teorias jurídicas mais importantes da contemporaneidade, podemos perceber como elas se localizam nos níveis e estágios, combinando muitas vezes elementos de mais de um deles. A distinção entre justificação e aplicação, evidenciada por Klaus Günther, não foi categorizada explicitamente por Kohlberg em sua teoria,[85] mas, não obstante, podemos perceber a relação entre essas formas argumentativas e os estágios de desenvolvimento moral. O positivismo jurídico do século XX concebe a fundamentação das normas jurídicas nos termos do estágio 5 – da orientação legalista do contrato social. No plano da criação de normas a flexibilidade política de argumentos e a percepção pragmática sobre os efeitos regulatórios se fazem presentes; entretanto, no plano da aplicação, podemos identificar a permanência de elementos típicos do estágio 4, próprio do nível convencional.

Estando a aplicação das normas restrita a um sistema fechado de regras, não há espaço para uma análise de aplicabilidade mais sofisticada, que requer a compreensão da complexidade principiológica do ordenamento e do vínculo existente entre o direito e a moralidade política, elementos rechaçados pelo positivismo de Kelsen e de Hart. Dessa forma a aplicação das normas se percebe como uma atividade de manutenção da "lei e ordem", percebidas como um bem em si mesmo, algo típico do estágio 4. A sofisticação atingida pela atividade de criação de normas não é assim acompanhada no plano da aplicação, cujo desafio não pode ser suplantado a partir de uma criação racionalizada de normas, como hoje podemos perceber.

---

[85] De acordo com Günther, "Infelizmente Kohlberg não utiliza os resultados de seu estudo sobre o desenvolvimento dos conceitos de justiça para traçar a diferença, no estágio 6, entre a justificação e a aplicação das normas sob condições de imparcialidade procedimental. [...] Entretanto, [...] ele não pode evitar ao menos uma distinção implícita entre justificação e aplicação". Tradução do original: "Unfortunately, Kohlberg does not use the results of his study on the development of concepts of justice to differentiate at Stage 6 between the justification and the application of norms under conditions of procedural impartiality. [...] However [...], he cannot avoid at least an implicit distinction between justification and application" (GÜNTHER, K. *The sense of appropriateness:* application discourses in morality and law. Albany: State University of New York Press, 1993. p. 135).

Apenas no estágio 6 o modelo de comunidade de princípios, como descrito por Dworkin, pode ter pleno curso. O tipo de obrigação existente entre os cidadãos e entre a coletividade e seus membros não mais se baseia apenas em acordos de tipo contratual traduzidos em regras, entendidas como limites, mas remete a princípios de conteúdo moral e com apelo universalista.

CAPÍTULO 3

# DIREITOS FUNDAMENTAIS E ETICIDADE REFLEXIVA

**Sumário:** A modernidade da sociedade moderna – Discursos éticos, morais e jurídicos – O bom e o justo – Razão prática, moral e direito – Uma leitura contemporânea – Resgate discursivo da razão prática – A categoria do direito na teoria discursiva

## A modernidade da sociedade moderna

A modernidade da sociedade moderna, como demonstra Raffaele De Giorgi,[86] reside em sua complexidade estrutural, decorrente de um processo de diferenciação funcional que produziu subsistemas sociais operacionalmente diferenciados.

No campo normativo, moral, direito e política se diferenciam, passam a cumprir funções específicas, que não mais se confundem, e que, por isso mesmo, podem prestar serviços mútuos, pois conquanto diferenciadas guardam entre si, como veremos, uma relação de complementaridade.

A religião passa a ser vista como um direito individual, não mais podendo servir de fundamento absoluto e unitário para a rígida e estática estrutura hierárquica das sociedades tradicionais ou pré-modernas e que, dessa forma, perde a sua força de elemento aglutinador central do amálgama normativo indiferenciado que regia essas sociedades em que a reprodução da ordem de

---

[86] DE GIORGI, R. O risco na sociedade contemporânea. *Sequência*, n. 28 v. 15, 1994.

privilégios era assegurada por naturalização divinizada, por seu caráter inquestionável e imutável. A liberdade religiosa e a correlata necessidade de reconhecimento do pluralismo religioso acabaram por contribuir decisivamente para o desencadeamento do Estado constitucional. É no quadro desse processo de diluição dos fundamentos absolutos e unitários das sociedades tradicionais e de afirmação do pluralismo religioso, político e social que se dá a invenção do indivíduo. A fonte da moral passa a ser interna ao indivíduo, inerente à sua racionalidade. Os costumes e as tradições perdem a força transcendente tradicional de revelarem a "essência imutável" da sociedade, para se transformarem em meros usos passíveis de serem revistos e abandonados, configurando uma nova eticidade de cunho reflexivo. Os bons costumes, antiga fonte da moral, são agora reflexivamente definidos por essas exigências universais e abstratas de reconhecimento da igualdade e da liberdade a que por nascimento todos os homens têm direito. A afirmação da natureza racional do homem implica também o reconhecimento do indivíduo como sujeito universal, agente moral, dono do seu próprio destino. Assim é possível agora que se adote uma postura crítica em relação às normas sociais. O reconhecimento do outro pressupõe também uma reciprocidade, ou seja, se todos são iguais e livres, todos são autônomos. Esses homens egoísticos e que passam a se autodenominar modernos, que, é claro, vivem e sempre viveram em sociedade, vão colocar-se a questão, totalmente esclerótica e destituída de sentido para todo o pensamento clássico e medieval: como vamos viver em sociedade? Onde termina o meu direito e começa o do outro?

A consagração dos direitos fundamentais pressupõe a exigência moral, universal e abstrata, do reconhecimento dessa igualdade e dessa liberdade como inerentes a todos os indivíduos que hoje denominamos direitos humanos e que à época os modernos conseguiram impor como o novo conteúdo semântico da antiga expressão "direito natural".[87]

A forma constitucional (o caráter supralegal da Constituição, condicionando a validade de todas as demais leis) foi

---

[87] BLUMENBERG, H. *The legitimacy of modern age*. Cambridge: MIT Press, 1985.

uma aquisição evolutiva tardia no processo de modernização da sociedade. Pode-se afirmar grosso modo que, no final do século XVIII, quando os norte-americanos a inventaram, estes buscavam garantir uma maior subordinação do direito positivo à moral, aos direitos naturais. Niklas Luhmann demonstra que essa aquisição evolutiva veio, ao contrário, completar o processo de diferenciação do direito e da política, tornando historicamente dispensável o recurso à ideia de direito natural para a justificação do direito. A Constituição define as bases do direito (os direitos fundamentais), define as bases da política (da organização do Estado), e articula direito e política de tal sorte que, por serem distintos, podem se prestar serviços mútuos, guardando entre si uma relação funcional de complementaridade. A política pode prestar ao direito moderno (um conjunto de normas gerais e abstratas) efetividade, tornando imperativa a sua coercibilidade, mediante a atuação do aparato estatal; ao mesmo tempo que recebe do direito legitimidade ao se deixar regular por ele.[88]

As formas de vida de uma comunidade, o que se considera *bem viver*, seus valores compartilhados – seu *ethos* –, constituem um componente central para a formação da identidade comum, da autocompreensão compartilhada intersubjetivamente. A pergunta "quem somos nós" passa, primeiramente, por um *discurso ético* de definição e assentamento de valores, ou seja, do que é "bom para nós", no todo e em longo prazo.

Entretanto, em sociedades modernas, descentralizadas, pluralis tas e multiculturais, o compartilhamento de valores e a identidade de formas de vida não são suficientes para o asseguramento da coesão social. "O que é bom para nós" torna-se, cada vez mais, uma questão no mínimo controversa.[89] Não mais parece plausível, e sequer desejável, conceber as noções de vida boa como socialmente homogêneas.

---

[88] LUHMANN, N. Verfassung als Evolutionäre Errungenschaft. *Rechthistorisches Journal*, v. IX, p. 176-220, 1990. Tradução italiana de F. Fiore. LUHMANN, N. La costituzione come acquisizione evolutiva. *In*: ZAGREBELSKY, G.; PORTINARO, P. P.; LUTHER, J. *Il futuro della costituzione*. Torino: Einaudi, 1996.

[89] Sobre o caráter aberto da identidade constitucional, conferir ROSENFELD, M. *A identidade do sujeito constitucional*. Belo Horizonte: Mandamentos, 2003.

A própria compreensão contemporânea de democracia, ao contrário da concepção *identitária*[90] que defendia Carl Schmitt, rejeita a integração ética homogênea como requisito de validade. Como aponta Dworkin, em sua compreensão de democracia como uma *parceria política coletiva*, a exigência de responsabilidade coletiva por parte dos cidadãos requer não a homogeneidade ética, mas sim o respeito pelos direitos de todos os indivíduos como membros da sociedade, isto é, como cidadãos:

> A integração ética na ação coletiva de uma comunidade a qual alguém de algum modo pertence não é sempre apropriada e às vezes é perversa. Certamente teria sido perverso para as vítimas judias do Holocausto compartilhar uma culpa coletiva pela sua existência. [...] Tampouco é apropriada para aqueles indivíduos que a comunidade não reconhece como membros plenos, mesmo quando esses participam da vida política. [...] A integração ética com os atos coletivos de uma sociedade política se mostra apropriada apenas para os cidadãos tratados pela sociedade como membros plenos e iguais.[91]

Se não podemos mais recorrer a um modelo de vida autêntica calcado na visão religiosa predominante – que, agora, ao invés de norma impositiva coletivamente exigível, se configura como simples *direito individual* –, em qualquer discussão política há, portanto, a concorrência de diversas posições, calcadas em distintas cosmovisões. Nas palavras de Habermas:

---

[90] "A igualdade democrática é, em essência, *homogeneidade*, e, por certo, homogeneidade do povo. O conceito central da Democracia é *Povo*, e não *Humanidade*. [...] Democracia [...] é identidade de dominadores e dominados, dos que mandam e dos que obedecem" (grifos nossos). Tradução do original: "La igualdad democrática es, en esencia, homogeneidad, y, por cierto, homogeneidad del pueblo. El concepto central de la Democracia es Pueblo, y no Humanidad. [...] Democracia [...] es identidad de dominadores y dominados, de los que mandan y los que obedecen" (SCHMITT, C. Teoría de la constitución. Madrid: Alianza, 1982. p. 230). Chantal Mouffe promove uma releitura crítica desse conceito schmitiano de democracia em MOUFFE, C. Pensando a democracia moderna com, e contra, Carl Schmitt. *Cadernos da Escola do Legislativo*, Belo Horizonte, n. 2, p. 87-108, jul./dez. 1994.

[91] "Ethical integration in the collective action of a community to which one in some sense belongs is not always appropriate and is sometimes perverse. It would surely have been perverse for the German Jewish victims of the Holocaust to feel a shared shame for it. [...] Nor is it appropriate for those whom the community does not recognize as full members, even when they participate in its political life. [...] Ethical integration with the collective acts of a political society is only appropriate, that is, for citizens whom the society treats as full and equal members of it" (DWORKIN, R. The partnership conception of democracy. *California Law Review*, v. 86, p. 453-458, 1998).

Sob uma visão da teoria do direito, o multiculturalismo suscita em primeira linha a questão sobre a *neutralidade ética* da ordem jurídica e da política. [...] Questões éticas não se deixam julgar sob o ponto de vista "moral" que se pergunta se algo é "igualmente bom para todos"; sobre o fundamento de valorações intensas, pode-se avaliar bem melhor o julgamento imparcial dessas questões com base na autocompreensão e no projeto de vida perspectivo de grupos em particular, ou seja, com base no que seja "bom para nós", mas a partir da visão do todo manifestada *por esses grupos*. Gramaticalmente, o que está inscrito nas questões éticas é a referência à primeira pessoa, e com isso a remissão à identidade (de um indivíduo ou) de um grupo.[92]

A diferenciação entre um discurso jurídico sobre normas – entendidas, com Ronald Dworkin, como uma ordem de *princípios* – e discursos éticos sobre valores preferíveis é central para a teoria discursiva do direito, em que argumentos teleológicos precisam se calcar em direitos para que possam disputar espaço com as alegações de direitos subjetivos. Isso porque a precedência incondicional de *argumentos de princípio* sobre *argumentos de política* é condição para a manutenção do sistema dos direitos e do próprio código jurídico deontológico:

A maneira de avaliar nossos valores e a maneira de decidir o que "é bom para nós" e o que "há de melhor" caso a caso, tudo isso se altera de um dia para o outro. Tão logo passássemos a considerar o princípio da igualdade jurídica meramente como um bem entre outros, os direitos individuais poderiam ser sacrificados caso a caso em favor de fins coletivos.[93]

A semelhança entre os códigos do direito e da moral, quanto à incondicionalidade de suas normas, bem como o teor universalista dos direitos fundamentais não afasta, entretanto, a "impregnação ética" do Estado de Direito. A neutralidade ética do direito, essencial em sociedades pluralistas, não importa num desacoplamento entre as formas de vida e o sistema dos direitos. Entretanto, da mesma forma como as normas morais, de conteúdo universal, têm precedência sobre determinados valores

---

[92] HABERMAS, J. *A inclusão do outro*: estudos de teoria política. São Paulo: Loyola, 2002. p. 243.

[93] HABERMAS, J. *A inclusão do outro*: estudos de teoria política. São Paulo: Loyola, 2002. p. 356.

éticos, também os direitos fundamentais, no âmbito de aplicação normativa, adquirem primazia quando confrontados com valores. Tanto decisões pragmáticas de realização de preferências quanto valores constitutivos do autoentendimento de uma comunidade devem passar pelo crivo da compatibilidade com os direitos fundamentais; nesse sentido, só podem encontrar guarida jurídica integral formas de vida reflexivas, ou seja, não fundamentalistas. Do ponto de vista constitucional, não há que se falar em tolerância em face de tradições ou posturas que visem eliminar formas de vida discrepantes – o que não significa, convém esclarecer, que os direitos fundamentais não possam validamente corporificar-se de formas distintas nas diversas tradições éticas.

Sabemos hoje que não há espaço público sem respeito aos direitos privados à diferença, nem direitos privados que não sejam, em si mesmos, destinados a preservar o respeito público às diferenças individuais e coletivas na vida social. Não há democracia, soberania popular, sem a observância dos limites constitucionais à vontade da maioria, pois aí há, na verdade, ditadura; nem constitucionalismo sem legitimidade popular, pois aí há autoritarismo.

Os direitos fundamentais – afirmação de liberdade e igualdade – são hoje constitutivos da própria *forma do direito* – que não pode mais ser entendida como uma "casca vazia", capaz de comportar qualquer ordem baseada na legalidade, como no modelo kelseniano, pois guarda uma *conexão interna com a Democracia*. Democracia e Constituição, longe de serem conceitos antagônicos, encontram-se e ressignificam-se na concepção de *democracia como parceria política* de Dworkin:

> É essencial para a ideia de democracia que ela possibilite o auto-governo, mas só podemos defender essa conexão essencial [com os direitos] se concebermos a democracia como algo mais do que a regra da maioria. Devemos compreendê-la como um tipo de parceria entre cidadãos que pressupõe tanto direitos individuais quanto procedimentos majoritários.[94]

---

[94] "It seems essential to the idea of democracy that democracy provides self-government, but we can claim that essential connection only if we conceive democracy as something more than majority rule. We must understand it as a kind of partnership among citizens that presupposes individual rights as well as majoritarian procedures" (DWORKIN, R. The partnership conception of democracy. *California Law Review*, v. 86, p. 453-458, 1998 p. 457).

Entretanto, a forma de densificação desses direitos depende da compreensão que se adote em determinado local do espaço e do tempo e das formas de vida específicas. Mas, diante da definição sempre problemática do conteúdo dos direitos que os cidadãos se atribuem reciprocamente numa comunidade, o apelo a uma perspectiva mais ampla de justificação, que remeta para além de determinado *ethos*, é constitutivo do processo de luta por reconhecimento de direitos.[95] O aspecto contramajoritário dos direitos fundamentais reside exatamente na sua pretensão universalizante – naquilo que deve ser garantido a cada cidadão independentemente dos valores compartilhados pela eventual maioria – possibilitando assim que a tensão entre argumentos de apelo majoritário e minoritário opere continuamente, de forma que as posturas comunitárias ético-políticas não percam sua reflexividade e, portanto, seus potenciais inclusivos e emancipatórios.

Essa condição de reflexividade ética é essencial, como vimos, para a ideia de comunidade de princípios, de integridade e, portanto, para a ideia de única resposta correta, permitindo que a cadeia histórica do direito possa ser relida e reapropriada, tendo-se como crivo os direitos fundamentais.

## Discursos éticos, morais e jurídicos – O bom e o justo

Valemo-nos aqui da diferenciação, feita por Habermas, entre discursos *pragmáticos, éticos* e *morais* como distintos usos para uma mesma forma de racionalidade: a *razão prática*.[96] Interessa-nos, principalmente, a distinção entre questões *morais* de justiça e questões *éticas* de autoentendimento:

> Em um dos casos abordamos um problema sob o ponto de vista que se pergunta sobre qual a regulamentação mais adequada ao *interesse equânime* de todos os atingidos (sobre *"o que é bom em igual medida para*

---

[95] Cf. HONNETH, A. *Luta por reconhecimento*: a gramática moral dos conflitos sociais. São Paulo: Editora 34, 2003.

[96] HABERMAS, J. Para o uso pragmático, ético e moral da razão prática. *In*: STEIN, E.; BONI, L. D. *Dialética e liberdade*. Porto Alegre: Vozes. 1992. p. 288-304.

*todos*"); no outro caso, ponderamos as alternativas de ação a partir da perspectiva de indivíduos ou de coletividades que querem se assegurar de sua *identidade*, bem como saber que vida devem levar, à luz *do que são e do que gostariam de ser* (ou seja, querem saber "*o que é bom para mim, ou para nós, no todo e a longo prazo*").[97]

Os discursos jurídicos, por sua vez, incorporam argumentos das mais variadas ordens. Enquanto argumentação prática, a argumentação jurídica se vale, no plano da justificação das normas – que se dá, de maneira central, nas arenas parlamentares –, tanto de discursos pragmáticos quanto éticos e morais, além das negociações reguladas por procedimentos:[98]

> Isso se revela no espectro amplo de razões que desempenham um papel na formação racional da opinião e da vontade do legislador político: ao lado de ponderações morais, considerações pragmáticas e dos resultados de negociações justas e honestas, também as razões éticas desempenham um papel nos aconselhamentos e justificações de decisões políticas.[99]

Uma vez integrados na norma jurídica, entretanto, tais argumentos morais (que dizem respeito ao que é justo), ético-políticos (referentes à autocompreensão valorativa dos cidadãos e aos projetos de vida coletivos que pretendem empreender), bem como pragmáticos (de adequação de meios a fins) passam a obedecer à lógica deontológica dos discursos *jurídicos*, com seu *código binário* de validade.[100]

O direito (com seu código *jurídico/não jurídico*) é deontológico como a moral (cujo código binário implica a distinção *justo/injusto*),

---

[97] HABERMAS, J. *A inclusão do outro*: estudos de teoria política. São Paulo: Loyola, 2002. p. 303.

[98] Contra um conceito "puramente dialógico" de processo legislativo, conferir a réplica de Habermas a Frank Michelman em ROSENFELD, M.; ARATO, A. *Habermas on law and democracy*: critical exchanges. Berkeley: University of California Press, 1998.

[99] HABERMAS, J. *A inclusão do outro*: estudos de teoria política. São Paulo: Loyola, 2002. p. 245.

[100] "[...] a expressão 'deontológico' refere-se em primeiro lugar apenas a um caráter obrigatório codificado de maneira binária. Normas são ou válidas ou inválidas, enquanto valores concorrem pela primazia em relação a outros valores e precisam ser situados *caso a caso* em uma ordem transitiva" (HABERMAS, J. *A inclusão do outro*: estudos de teoria política. São Paulo: Loyola, 2002. p. 356).

mas dessa se diferencia, para além de seu espectro argumentativo, por ser um *sistema de ação*, além de um *sistema de conhecimento*. Disso decorre que o direito se compromete com resultados e necessita de um aparato coercitivo que lhe empreste efetividade. O direito não pode depender apenas, como a moral, da motivação interna de cada indivíduo. Além disso, o ordenamento jurídico se refere a uma comunidade política concreta, a uma república de cidadãos. Dessa forma, seu âmbito de universalidade é reduzido em relação à moral, que busca se referir à humanidade.

## Razão prática, moral e direito – Uma leitura contemporânea

### Resgate discursivo da razão prática

Habermas resgata a tradição kantiana de razão prática, compreendendo a *moral* como o âmbito de atribuição de validade a normas universais. O faz, entretanto, não mais nos termos de uma filosofia da consciência – que tomava o sujeito cognoscente como ponto de partida e referencial epistêmico – mas de uma filosofia da linguagem – que se baseia no caráter intersubjetivo de validação de todo saber –, valendo-se de uma compreensão de racionalidade comunicativa potencialmente emancipadora, ancorada no mundo da vida, portanto gerada e operada intersubjetivamente:

> A teoria da ação comunicativa é mais ampla que uma teoria da moral. Ela é diferente da filosofia prática como a conhecemos de Aristóteles e de Kant. Ela não fundamenta simplesmente normas morais ou ideais políticos. Ela tem, adicionalmente, um sentido descritivo, identificando na própria prática cotidiana a voz persistente da razão comunicativa, mesmo em situações em que essa está subjugada, distorcida e desfigurada. Insisto nos potenciais de racionalidade da "Lebenswelt" (do mundo vivido), em que as fontes da resistência conseguem regenerar-se, mesmo sob condições desesperadoras.[101]

---

[101] FREITAG, B. Jürgen Habermas fala a Tempo Brasileiro. *Revista Tempo Brasileiro*, Rio de Janeiro, n. 98, p. 5-21, 1989. p. 9.

A validação discursiva das normas morais resgata a herança universalista do imperativo categórico de Kant, não mais como um procedimento monológico *a priori*, pois passa a depender de um discurso público a ser desenvolvido em condições de liberdade e igualdade comunicativas. Na ética do discurso habermasiana o princípio verificador da universalidade de pretensões normativas é o princípio "U", assim enunciado:

> uma norma só é válida quando as consequências presumíveis e os efeitos secundários para os interesses específicos e para as orientações valorativas de *cada um*, decorrentes do cumprimento geral dessa mesma norma, podem ser aceitos sem coação por *todos* os atingidos *em conjunto*.[102]

Habermas sustenta o caráter universalista dos direitos fundamentais – positivados nas constituições modernas – contra pretensões fortemente relativistas, bem como seu papel de precedência incondicionada diante de argumentações ético-políticas, embora reconheça a impregnação ética das diversas ordens jurídicas como constitutiva das identidades coletivas. Levando-se em conta que os princípios do Estado de Direito e os direitos fundamentais são determinados em abstrato, Habermas ressalta, todavia, que eles só podem ser encontrados em constituições históricas e sistemas políticos específicos.

Com sua teoria discursiva, Habermas dá continuidade à pretensão universalista do iluminismo de reconhecimento de igual dignidade a toda pessoa, enquanto sujeito de direitos, numa perspectiva política de igualitarismo liberal,[103] afinal "um acordo sobre

---

[102] HABERMAS, J. *A inclusão do outro*: estudos de teoria política. São Paulo: Loyola, 2002. p. 56.

[103] Vera Karam de Chueiri assim define a moderna democracia liberal e a sua articulação entre direitos e democracia: "Modern liberal democracy articulates two different traditions: the democratic and the liberal one. The democratic tradition goes back to the ancient world and is ordinarily identified with the right to directly participate in the administration of the *res publica*. The most known picture of it is that of an assembly of individuals to deliberate about their community's (public) affairs. The very idea of public has to do with this gathering for deliberating in a place accessible to every man. However, the democratic picture gains a new contour with the liberal trace. Liberalism, especially from the nineteenth century on, implies the idea of representation in the domain of the *res publica*, the idea of liberty and, accordingly, the idea of pluralism (it is possible to have more than one notion of the good)" (CHUEIRI, V. K. D. Before the law: philosophy and literature (the experience of that which one cannot experience). *Graduate Faculty of Political and Social Science*, New York, New School University, Ph.D.: 262, 2004).

normas [...] não depende da estima mútua de performances culturais e estilos de vida culturais, mas apenas da suposição de que toda pessoa, enquanto pessoa, tem o mesmo valor".[104]

## A categoria do direito na teoria discursiva

Levando-se em conta que os princípios do Estado de Direito e os direitos fundamentais são determinados em abstrato, Habermas ressalta, todavia, que eles só podem ser encontrados em constituições históricas e sistemas políticos específicos. A interpretação e a incorporação desses princípios se dão em ordens jurídicas concretas. Segundo Habermas, para além de variantes na realização dos mesmos direitos ou dos mesmos princípios, essas ordens jurídicas concretas refletem também diferentes *paradigmas*.

Para o autor, os dois paradigmas jurídicos mais bem-sucedidos na história do direito moderno são, respectivamente, o paradigma do Estado Liberal e o paradigma do Estado Social (*Welfare State*). Cada um deles fornece um modelo vivenciado de sociedade e de reprodução do poder político a partir dos quais se pode compreender a complexidade das relações entre autonomia privada e autonomia pública historicamente concretizadas.[105]

Em breve síntese, sobre o pano de fundo paradigmático do Estado Liberal, o papel do Estado e dos direitos fundamentais pode ser resumido à garantia do indivíduo contra a invasão indevida do Estado em sua esfera de liberdade "natural", tida como pré-política. Verifica-se a preponderância da ideia de autonomia privada, anterior e condicionante do exercício da autonomia pública. Já na concepção do Estado Social, há uma mudança na "seta valorativa" do papel do Estado e dos direitos fundamentais (agora responsável por prestações positivas de bens e serviços aos cidadãos-clientes, de acordo com as necessidades determinadas pela burocracia estatal). Percebe-se a preponderância da ideia de autonomia pública, em que a própria

---

[104] HABERMAS, J. *Verdade e justificação*: ensaios filosóficos. São Paulo: Loyola, 2004. p. 326.
[105] Sobre os paradigmas jurídicos modernos, cf. HABERMAS, J. *Direito e democracia*: entre facticidade e validade. Rio de Janeiro: Tempo Brasileiro, 1997. p. 123-192. cap. IX.

esfera privada é vista como delimitada pela noção de *bem comum*, programada a partir de uma burocracia tecnocrata. Em ambas as concepções a noção de *público* remete unicamente ao Estado.[106]

A liberdade, tal como a entendemos, requer o respeito às diferenças e assim se assenta, pois supõe o reconhecimento da igualdade de todos, embora diferentes. Esses princípios (igualdade e liberdade), de início formais, reclamaram a sua materialização em um segundo momento. Essa materialização foi buscada, no entanto, ao preço da formalidade. E hoje vivemos um momento em que sabemos que forma e matéria são equiprimordiais, que a materialização, conquanto importante, deve resultar do próprio processo de afirmação dos sujeitos constitucionais e contar com garantias processuais (formais) de participação e de controle por parte dos afetados pelas medidas adotadas em seu nome, e, pelo menos retoricamente, visando ao seu bem-estar, sob pena de se institucionalizar o oposto do que se pretendera ou se afirmara pretender. Em outros termos, essa exigência idealizante é uma exigência de democracia e sabemos que a democracia é um regime improvável, pois sempre requer que se corra o risco ínsito às suas práticas, ou, do contrário, instauramos a ditadura. Nada pode prepará-la, pode-se apenas buscar praticá-la e sempre de modo tendencial, a construir instituições que possam lidar com a possibilidade inafastável da burocratização, da corrupção, das tentativas de golpe etc.

Para Habermas nenhum desses dois modelos vivenciados é capaz de dar conta da complexidade da sociedade contemporânea, bem como do papel exercido pelo Estado na efetivação dos direitos fundamentais. Como compreender o direito como um meio *legítimo* de integração social? Para que se possa compreender o sistema do direito de forma procedimentalista, os papéis do Estado e dos direitos fundamentais se tornam mais complexos, requerendo uma análise reconstrutiva que leve em consideração diferentes pontos de vista disciplinares, em que o papel de "observador" não se desliga do de cidadão, entendido como coautor das normas que o regem.

---

[106] CARVALHO NETTO, M. D. Requisitos pragmáticos da interpretação jurídica sob o paradigma do Estado Democrático de Direito. *Revista de Direito Comparado*, Belo Horizonte, v. 3, maio 1999.

A teoria discursiva do direito e da democracia rompe com os modelos explicativos tradicionais ao fundar a legitimidade do direito moderno numa compreensão discursiva da democracia. Como demonstrado pela própria história institucional da modernidade, o direito positivo, coercitivo, que se faz conhecer e impor pelo aspecto da *legalidade*, precisa, para ser *legítimo*, ter sua gênese vinculada a procedimentos democráticos de formação da opinião e da vontade que recebam os influxos comunicativos gerados numa esfera pública política em que um sistema representativo não exclua a potencial participação de cada cidadão, cujo *status* político não dependa de prerrequisitos (de renda, educação, nascimento etc.). Essa relação entre positividade e legitimidade Habermas denomina tensão *interna* entre faticidade e validade, pois presente no interior do próprio sistema do direito.

Como resposta ao problema da *legitimidade*, Habermas se vale então de um terceiro paradigma jurídico (ou jurídico-político), capaz, por sua vez, de absorver criticamente os outros dois. A concepção procedimentalista do direito importa numa específica compreensão de justiça política:

> [...] na razão prática corporalizada em procedimentos e processos está inscrita a referência a uma justiça (entendida tanto em sentido moral quanto jurídico) que aponta para além do ethos concreto de determinada comunidade ou da interpretação de mundo articulada em determinada tradição ou forma de vida.[107]

No Estado Democrático de Direito o *poder político*, para ser legítimo, deve derivar do *poder comunicativo* gerado a partir da esfera pública política. O Estado, embora ocupe o centro dessa esfera pública, com os complexos parlamentares, não mais se confunde com ela, em seu todo (como se concebia nos paradigmas liberal e social, especialmente nesse último). A sociedade civil, seus movimentos sociais, organizações e associações de toda ordem, os meios de comunicação de massa, partidos políticos etc., compõem um complexo mais ou menos institucionalizado de formação, reprodução e canalização da opinião pública e da vontade política que,

---

[107] HABERMAS, J. *A inclusão do outro*: estudos de teoria política. São Paulo: Loyola, 2002. p. 303.

filtrados por sua pertinência, devem constituir o *input* dos órgãos políticos estatais.

A oposição entre Estado e sociedade, quanto à titularidade da interpretação do sistema dos direitos mostra-se agora falsa quando, tanto em sua gênese quanto na reprodução e reconstrução hermenêutica do sentido de suas normas, o direito "pertence" a uma *comunidade aberta de intérpretes da Constituição* (para dizermos com Peter Häberle)[108] ou a uma *comunidade de princípios* (com Ronald Dworkin).

Também para Dworkin a correção normativa possui um caráter deontológico e socialmente enraizado. A moralidade política de uma comunidade se fundamenta racional e vivencialmente, sendo mais que uma mera expressão de vontades, gostos, preferências ou interesses de determinados indivíduos, grupos ou classes sociais. Entretanto Dworkin, assim como Habermas e Günther, relê essa perspectiva kantiana das normas levando em consideração a dimensão da aplicação normativa – especialmente do direito – como distinta da tarefa de fundamentação. E essa mesma dimensão da aplicação, que se apresenta de forma institucional, na teoria de Dworkin supera uma perspectiva monológica típica da filosofia do sujeito por supor uma comunidade de princípios cujas instituições atuam numa *cadeia do direito*, ou seja, com respeito à integridade do direito, o que implica que se leve em consideração as decisões políticas e jurídicas do passado em seu sentido performativo, para além da textualidade:

> A interpretação propriamente constitucional considera tanto o texto como a prática passada como seu objeto: advogados e juízes confrontados com uma questão constitucional contemporânea devem buscar construir uma interpretação coerente, principiológica e persuasiva do texto de dispositivos específicos, da estrutura da Constituição como um todo, e da nossa história constitucional. [...] Ou seja, eles devem buscar a *integridade* constitucional.[109]

---

[108] HABERLE, P. *Hermenêutica constitucional*: a sociedade aberta dos intérpretes da Constituição: contribuição para a interpretação pluralista e "procedimental" da Constituição. Porto Alegre: Sergio Antonio Fabris, 1997.

[109] "Proper constitutional interpretation takes both text and past practice as its object: lawyers and judges faced with a contemporary constitutional issue must try to construct a coherent, principled and persuasive interpretation of the text of particular clauses, the structure of the Constitution as a whole, and our history under the Constitution. [...] They must seek, that is, constitutional integrity" (DWORKIN, R. Originalism and fidelity. *In*: DWORKIN, R. *Justice in Robes*. Cambridge: Belknap Press, 2006. p. 118).

Exatamente em função dessa dimensão vivencial, pragmática dos princípios, assumidos como componentes necessariamente presentes na autocompreensão normativa das sociedades pós-convencionais, em contextos epistemologicamente cientes da contingência e precariedade da validade e verdade de proposições linguísticas, não se atribui a eles uma natureza metafísica, mas claramente social, histórica, intramundana.

CAPÍTULO 4

# O PÓS-POSITIVISMO E A
# APLICAÇÃO DOS PRINCÍPIOS

**Sumário**: O pós-positivismo como retórica: Alexy e a continuidade dos elementos centrais do positivismo normativo e filosófico na aparente ruptura com o positivismo jurídico – O retorno às regras – Limites internos e externos e o "conflito de valores" – Pluralismo moral e incompatibilidade entre princípios – O conflito jurídico, os textos normativos e as pretensões abusivas a direitos – O STF e o caso Ellwanger

## O pós-positivismo como retórica: Alexy e a continuidade dos elementos centrais do positivismo normativo e filosófico na aparente ruptura com o positivismo jurídico – O retorno às regras

Uma outra leitura do papel dos princípios jurídicos é feita por Robert Alexy, principal representante da teoria axiológica dos direitos fundamentais na Alemanha, com grande repercussão acadêmica e institucional no Brasil. Valendo-se da distinção proposta por Dworkin entre regras e princípios,[110] Alexy promove uma leitura dessa dicotomia como sendo inerente à *estrutura* das normas jurídicas,[111] mantendo as regras como normas precedentes aos princípios na tarefa de aplicação:

---

[110] ALEXY, R. *Teoria de los derechos fundamentales*. Madrid: Centro de Estudios Constitucionales, 1993. p. 87 *et seq.*

[111] ALEXY, R. On the structure of legal principles. *Ratio Juris*, v. 13, n. 3, p. 294-304, 2000.

A teoria dos princípios não diz que o catálogo dos direitos fundamentais não contém regras; isto é, que ela não contém definições precisas. Ela afirma não apenas que os direitos fundamentais, enquanto balizadores de definições precisas e definitivas, têm estrutura de regras, como também acentua que *o nível de regras precede prima facie ao nível dos princípios*. O seu ponto decisivo é o de que *atrás e ao lado das regras existem princípios*.[112]

As noções de *lacuna* e *discricionariedade* típicas da concepção positivista das normas também são mantidas pela teoria das normas de Alexy, que rejeita a tese da única resposta correta. Para o autor apenas uma implausível teoria "forte" dos princípios, capaz de determinar *a priori* todas as relações entre normas em todas as possíveis situações de aplicação, poderia sustentar a tese da única resposta correta:

> A variante mais forte [de uma teoria dos princípios] seria uma teoria que contivesse além de todos os princípios, todas as relações de prioridade abstratas e concretas entre eles e, portanto, determinasse univocamente a decisão em cada um dos casos. Se fosse possível uma teoria dos princípios da forma mais forte, seria certamente acertada a tese de Dworkin da única resposta correta.[113]

Além disso, a plausibilidade da única decisão correta requereria, para Alexy, um *consenso*, uma irrestrita concordância entre a comunidade de argumentação, numa situação ideal em que tempo, informação e disposição fossem ilimitados.

> A questão da única resposta correta depende essencialmente de se o discurso prático leva a uma única resposta correta para cada caso. Levaria a ela se a sua aplicação garantisse sempre um consenso. Um simples esboço já mostra claramente que várias de suas exigências, sob condições reais, só se podem cumprir de maneira aproximada.[114]

---

[112] Robert Alexy, em conferência proferida no Rio de Janeiro em 1998, transcrito e traduzido em MENDES, G. F. *Direitos fundamentais e controle de constitucionalidade*: estudos de direito constitucional. São Paulo: Saraiva, 2004. p. 26. Grifos nossos.

[113] "La variante más fuerte sería una teoría que contuviera, además de todos los principios, todas las relaciones de prioridad abstractas y concretas entre ellos y, por ello, determinara unívocamente la decisión en cada uno de los casos. Si fuera posible una teoría de los principios de la forma más fuerte, sería sin duda acertada la tesis de Dworkin de la única respuesta correcta" (ALEXY, R. Sistema jurídico, principios jurídicos y razón práctica. *Doxa*, n. 5, p. 139-151, 1988. p. 145).

[114] "La cuestión de la única respuesta correcta depende esencialmente de si el discurso práctico lleva a una única respuesta correcta para cada caso. Llevaría a ello si su aplicación

Aqui fica claro que Alexy não compreende bem a ideia de Dworkin da "única resposta correta". Ela em definitivo não depende de um real consenso sobre a sua correção, mas de uma postura hermenêutica diante do caso, dos princípios jurídicos de todo o ordenamento e da história institucional. Dworkin buscou deixar isso claro desde a obra *Levando os direitos a sério*, em 1977:

> Essa teoria não defende que exista qualquer procedimento mecânico que demonstre quais são os direitos das partes nos casos difíceis. Pelo contrário, o argumento supõe que *juristas e juízes razoáveis irão muitas vezes divergir sobre os direitos*, assim como cidadãos e políticos divergem sobre questões políticas. [Essa discussão] descreve as questões que juízes e juristas devem colocar para si próprios, *mas isso não garante que todos eles darão a mesma resposta a essas questões.*[115]

Como se percebe, ao contrário de Alexy, a teoria de Dworkin não levanta a pretensão de cunhar um procedimento metodológico "racional" capaz de fornecer a correção das decisões jurídicas.[116] Resta implausível, portanto, a afirmação feita por Alexy de que a tese da única resposta correta de Dworkin derivaria de um "racionalismo metodológico".[117] Pelo contrário, como vimos, a afirmação da possibilidade de uma atividade cognoscente reside precisamente no aprendizado decorrente da dificuldade das tarefas de aplicação, sobretudo vivencialmente. Ao contrário de Alexy, em Dworkin estamos certamente num terreno de racionalidade que se sabe limitada. A postura, e não o método, é determinante.

---

garantizara siempre un consenso. Ya un simple esbozo muestra claramente que varias de sus exigencias, bajo condiciones reales, sólo se pueden cumplir de manera aproximada" (ALEXY, R. Sistema jurídico, principios jurídicos y razón práctica. *Doxa*, n. 5, p. 139-151, 1988. p. 150-151).

[115] "it is no part of this theory that any mechanical procedure exists for demonstrating what the rights of parties are in hard cases. On the contrary, the argument supposes that reasonable lawyers and judges will often disagree about legal rights, just as citizens and statesmen disagree about political rights. This chapter describes the questions that judges and lawyers must put to themselves, but it does not guarantee that they will all give these questions the same answer" (DWORKIN, R. *Taking rights seriously*. Cambridge: Harvard University Press, 1977. p. 81).

[116] Cf. ALEXY, R. Discourse Theory and Fundamental Rights. *In*: MENÉNDEZ, Agustin J.; ERIKSEN, Erik O. *Arguing fundamental rights*. Dordrecht: Springer, 2006. p. 15-30.

[117] ALEXY, R. *Teoria de los derechos fundamentales*. Madrid: Centro de Estudios Constitucionales, 1993. p. 528.

A tarefa propriamente de *aplicação* dos princípios é então recusada por Alexy, ao considerá-la algo idêntico à legislação, uma atividade de *balanceamento de valores* concorrentes, passíveis de tratamento metodológico e sujeitos à hierarquização. Direitos, entendidos como interesses, devem assim ser sacrificados de acordo com seu grau de relevância, e os princípios ensejam múltiplas possibilidades de decisão correta disponíveis à discricionariedade do aplicador.

Robert Alexy afirma apoiar-se em Dworkin para, no entanto, retornar a uma concepção de fórmulas metodológicas heurísticas, reduzindo os princípios a políticas, ou seja, a normas de aplicação gradual, retomando as regras como normas capazes de, por si sós, regularem a sua situação de aplicação, já que seriam aplicáveis na base do tudo ou nada, como se a distinção entre princípios e regras em Dworkin fosse simplesmente morfológica. Os direitos fundamentais que, em Dworkin, condicionam a legitimidade das políticas públicas, na teoria de Alexy, perdem precisamente essa dimensão.

## Limites internos e externos e o "conflito de valores"

Valendo-se da teoria de Robert Alexy, Gilmar Mendes[118] expõe concepções concorrentes quanto à relação entre *direito individual* e *restrição*. Para a *teoria externa* os direitos podem ser, a princípio, ilimitados, sendo que sua conformação com o restante do ordenamento jurídico se daria mediante restrições externas ao próprio direito. Já segundo a *teoria interna* direitos individuais e restrições não seriam categorias autônomas, mas o próprio conteúdo dos direitos importaria em *limites* inerentes ao seu conceito, e não em *restrições* externas. Para o autor:

> Se se considerar que os direitos individuais consagram posições definitivas (Regras: Regel), então é inevitável a aplicação da teoria interna. Ao contrário, se se entender que eles definem apenas posições prima facie (prima facie Positionen: princípios), então há de se considerar correta a teoria externa.[119]

---

[118] MENDES, G. F. *Direitos fundamentais e controle de constitucionalidade*: estudos de direito constitucional. São Paulo: Saraiva, 2004. p. 25.

[119] MENDES, G. F. *Direitos fundamentais e controle de constitucionalidade*: estudos de direito constitucional. São Paulo: Saraiva, 2004. p. 26.

Também com base em Alexy, Mendes aponta problemas numa *teoria de interpretação* que reduza o papel do legislador a simplesmente declarar o que já se encontra positivado nos direitos fundamentais, *confirmando* o juízo de ponderação feito pelo constituinte, sendo que, de fato, para o autor, autênticas limitações aos direitos individuais são realizadas pelo legislador – limitações *externas*.

Marca-se aqui a diferença entre as denominadas teorias *interna* e *externa* das limitações a direitos. Pois da perspectiva interna a diferença entre *limitação* e *(re)definição de sentido* carece de força explicativa, desde que respeitada a *integridade* do direito, parâmetro que marca a diferença entre *interpretação constitucional* e *abuso de direito*. Além disso, ao menos no âmbito dos direitos fundamentais, a tensão entre abstração e concretude inerente aos princípios de conteúdo universal torna as atividades de *criação* e *interpretação* internamente complementares, visto que a densificação desses princípios pela via legislativa – e, guardadas as especificidades do discurso de aplicação, também pela via judicial – envolve tanto a *confirmação* da garantia fundamental quanto *inovação* no complexo quadro do ordenamento jurídico. Isso porque, numa concepção principiológica da ordem constitucional, a distinção entre *direitos enumerados* e *não enumerados*[120] se revela problemática, pois a abertura semântica inerente à complexidade plural do constitucionalismo moderno não nos permite traçar uma moldura interpretativa do conteúdo dos direitos fundamentais como *numerus clausus*.

É a *integridade* do direito, no exercício hermenêutico que se volta tanto para o passado quanto para o futuro, que marcará a diferença entre *densificação* e *descumprimento* dos princípios fundamentais, especialmente mediante a capacidade e a sensibilidade do intérprete de, no processo de densificação e concretização normativas, diante de uma situação concreta de aplicação, impor normas que se mostrem *adequadas* a reger essa situação de modo a dar pleno curso ao direito em sua integridade, a reforçar a crença na efetividade da comunidade de princípios. Mesmo em um contexto de filosofia da linguagem, em que os supostos se assentam em termos discursivos

---

[120] DWORKIN, R. The concept of unenumerated rights. *University of Chicago Law Review*, v. 59, p. 381-432, 1992.

e não mais em uma hipotética estrutura da consciência humana, é o critério kantiano de legitimidade normativa, o imperativo categórico, a requerer como condição de validade da norma a sua universalidade, que continua a ser o critério basilar nos discursos de elaboração legislativa ou de justificação normativa, apenas que agora traduzido em termos discursivos: legítimas são as normas passíveis de serem aceitas por todos os seus potenciais afetados. Contudo, ainda que uma norma passe por esse crivo, isso não mais significa que ela deva ser aplicada a todos os casos em que aparentemente se aplicaria segundo a alegação de uma das partes envolvidas. Ao contrário, como veremos, a constitucionalidade (legitimidade) de uma norma não significa, por si só, que pretensões abusivas não possam ser levantadas em relação à sua aplicação aos casos concretos. Por isso mesmo, embora o uso abusivo e instrumental do direito seja sempre possível, encontramo-nos hoje em condições de exigir, na prática, que pretensões desse tipo não mais possam encontrar guarida sob o direito, reforçando a postura interna do cidadão que assume os seus direitos como condição de possibilidade da própria comunidade de princípios fundada no igual respeito e consideração devidos a todos os seus membros.

O problema central da chamada *teoria externa* é conceber os direitos como de início *ilimitados*, carecedores de atos externos legislativos ou judiciais para lhes emprestar limites, de forma *constitutiva*. Ora, mesmo no silêncio do texto, qualquer direito, inclusive os clássicos direitos individuais, só pode ser compreendido adequadamente como parte de um ordenamento complexo.

Toda nossa experiência histórica acumulada, o aprendizado duramente vivido desde o alvorecer da Modernidade, não mais nos permite reforçar a crença ingênua, por exemplo, de que os direitos "de primeira geração", originalmente afirmados no marco do paradigma constitucional liberal como egoísmos anteriores à vida social, ainda possam ser validamente compreendidos como simples limites à ação, enfocados da pura perspectiva externa do observador.

Essa mesma vivência geracional permite que, no pano de fundo de compreensão que compartilhamos, encontre-se disponível para nós a condição de vermos a possibilidade de que pretensões abusivas em relação a direitos genérica e abstratamente prefigurados em lei tendam a ser levantadas nos casos concretos, na vida cotidiana, precisamente na tentativa de, a partir da perspectiva de um observador externo que apenas deseja obter vantagens a qualquer custo, acobertar ações que, se, à primeira vista poderiam passar como o simples exercício de um direito, na verdade, já seriam condenáveis e não admissíveis pelo próprio direito quando considerado em seu todo, em sua integridade. Pregar, por exemplo, a eliminação ou mesmo a discriminação de pessoas simplesmente por serem portadoras de determinadas características supostamente raciais não é exercício do direito de liberdade de expressão, é preconceito que em nosso ordenamento é crime, e mais, crime imprescritível. Exigir que a secretária executiva cumpra o dever legal de fidelidade ao seu chefe não a exime de (e muito menos a obriga a) ser cúmplice de um desfalque, de um peculato ou mesmo de um assassinato.

É que, na modernidade, a edição de normas gerais, hoje sabemos bem, não elimina o problema do direito, tal como ansiado nos dois paradigmas anteriores e neles vivencialmente negado, mas, pelo contrário, o inaugura. O problema do direito moderno, agora claramente visível graças à vivência acumulada, é exatamente o enfrentamento consistente do desafio de se aplicar adequadamente normas gerais e abstratas a situações de vida sempre individualizadas e concretas, à denominada situação de aplicação, sempre única e irrepetível, por definição. O direito moderno, como conjunto de normas gerais e abstratas, torna a sociedade mais e não menos complexa. Complexidade que envolve uma faceta que não mais pode se confundir com o exercício legítimo de direitos, a das pretensões abusivas que a mera edição em texto do direito na forma de norma geral e abstrata incentiva. E isso porque ela (a norma) pode e tende a ser enfocada também da perspectiva de um mero observador interessado em sempre levar vantagem, o que vem ressaltar um aspecto central que hoje reveste os direitos fundamentais enquanto princípios constitucionais fundantes de uma comunidade de pessoas que se reconhecem como reciprocamente merecedoras de igual respeito e consideração em todas as situações de vida concreta em que se encontrem e que Konrad Hesse denominou força irradiadora dos princípios.[121]

---

[121] HESSE, K. *A força normativa da Constituição*. Tradução de Gilmar Ferreira Mendes. Porto Alegre: S.A. Fabris, 1991.

Assim é que é precisamente a visibilidade dessa força irradiadora dos princípios que nos habilita a lidar de forma consistente com as pretensões abusivas como tais, não mais as confundindo com o regular exercício de direitos. Não somente é insuficiente tomarmos os direitos como meros limites, mas se torna clara agora a exigência dworkiana de que sempre sejam levados a sério, ou seja, de que sempre sejam considerados como condição de possibilidade da liberdade. Esse conteúdo moral do direito só pode ter curso quando assumido da perspectiva interna do participante, do cidadão. Muito embora, é claro, o conteúdo moral do direito não o transforme em moral, pois continua a operar como direito (visando regular o comportamento externo das pessoas e não as suas crenças e motivações internas), deve ser levado a sério no terreno dos discursos de aplicação pois permite tratar de forma consistente as pretensões abusivas, buscando coibir e não incentivar o uso estratégico do direito, que se mostra agora claramente como um uso contrário ao próprio direito, como um abuso, um atentado contra a mesma comunidade de princípios que o direito institui, viabiliza e pela integridade da qual deve zelar.

A tensão entre público e privado perpassa qualquer direito, seja individual, coletivo ou difuso. Isso compõe o pano de fundo do estágio histórico da nossa compreensão dos direitos, e se torna indisponível quando da atribuição de sentido a um direito como o de propriedade. Independentemente de menção expressa na Constituição, todo direito individual deve cumprir uma *função social*, e isso integra *internamente* seu próprio sentido para que possa ser plausível.

Essa leitura principiológica e sistêmica exigida pela chamada *teoria interna* exerce força explicativa mesmo para Mendes que, embora advogue a concepção *externa* de restrições, por vezes afirma interpretações que levam em conta os requisitos de uma hermenêutica atenta ao sentido imanente dos princípios num paradigma constitucional democrático, para além das previsões textuais. É o que se verifica em sua leitura do inc. LXVI do art. 5º da Constituição:[122]

---

[122] "ninguém será levado à prisão ou nela mantido, quando a lei admitir liberdade provisória, com ou sem fiança; [...]" (BRASIL. Constituição (1988). *Constituição da República Federativa do Brasil*. Brasília: Senado Federal, 1988).

No que se refere à liberdade provisória, também optou o constituinte, aparentemente, por conferir amplo poder discricionário ao legislador, autorizando que este defina os casos em que seria aplicável o instituto. É quase certo que a expressão literal aqui é má conselheira e que todo o modelo de proteção à liberdade instituído pela Constituição recomende uma leitura invertida, segundo a qual haverá de ser admitida a liberdade provisória, com ou sem fiança, salvo em casos excepcionais, especialmente definidos pelo legislador.[123]

Ora, qual o caráter *externo* da limitação da restrição da liberdade provisória, senão o próprio sentido (*interno*) dessa garantia no contexto constitucional democrático, como densificação dos princípios da liberdade e da igualdade? Naturalmente não nos referimos a esse caráter *interno* como algo *ontológico*, transcendente, metassocial ou metalinguístico, visto que a natureza dinâmica de qualquer semântica, especialmente das normas, se tornou patente após a virada linguístico-pragmática empreendida pela filosofia em meados do século XX, cujos efeitos se espraiam por todos os campos do saber. É claro que essa atribuição de sentido às normas é sempre uma disputa acerca do seu significado, já que, como qualquer texto, também os normativos requerem a contribuição construtiva dos intérpretes ou destinatários.[124]

Quanto aos direitos fundamentais sem expressa previsão de reserva legal, afirma Mendes:

> Também nesses direitos vislumbra-se o perigo de conflitos em razão de abusos perpetrados por eventuais titulares de direitos fundamentais. Mas, estando o legislador a princípio impedido de "limitar" tais direitos, de forma a coibir abusos, as "colisões de direitos" ou "entre valores" poderiam ser impedidas mediante o excepcional apelo "à unidade da Constituição e à sua ordem de valores", segundo interpretação da Corte Constitucional alemã.[125]

Se, por outro lado, adotarmos a concepção segundo a qual nenhum direito constitucional é "ilimitado", em face da própria

---

[123] MENDES, G. F. *Direitos fundamentais e controle de constitucionalidade*: estudos de direito constitucional. São Paulo: Saraiva, 2004. p. 34-35.

[124] Conceitos cujos significados dependem dos propósitos a eles atribuídos, como no caso dos conceitos jurídicos, são chamados por Dworkin de "conceitos interpretativos". Ver o cap. 8 de DWORKIN, R. *Justice for hedgehogs*. Cambridge: Belknap Press, 2011.

[125] MENDES, G. F. *Direitos fundamentais e controle de constitucionalidade*: estudos de direito constitucional. São Paulo: Saraiva, 2004. p. 40.

Constituição, a tarefa interpretativa a ser adotada por qualquer cidadão em geral e, mais ainda pelos órgãos encarregados do desenvolvimento e da aplicação do direito, do legislador ao administrador, culminando com o juiz, precisamente porque enquanto atribuição de sentido a textos é sempre conformadora dos seus conteúdos normativos, deve levá-los em conta, sem que isso, portanto, possa importar em qualquer redução do "âmbito de proteção" de um direito, mas simplesmente no controle que afirma como inadmissíveis juridicamente as pretensões abusivas que certamente serão levantadas em relação a ele. O direito, entendido em sua integridade, não pode se voltar contra o próprio direito. Por isso a figura da colisão não retrata de maneira plausível a tensão imanente ao ordenamento jurídico. Além disso, é de se lembrar que abusos no campo das pretensões a direitos sempre se apresentarão como pretensões legítimas e fundadas na própria regulação legislativa. Aliás, é precisamente a previsão legislativa genérica e abstrata dos direitos que, por si só, incentiva pretensões abusivas. No contexto de uma racionalidade que se saiba limitada, portanto, não há qualquer plausibilidade racional na crença de que se possa eliminar pretensões abusivas mediante a simples edição de mais normas gerais e abstratas. É apenas no campo dos discursos de aplicação, ao se levar a sério as pretensões a direito nele levantadas, mediante o escrutínio das especificidades daquele caso concreto, que essas pretensões poderão ser qualificadas como legítimas ou abusivas, inclusive aquelas calcadas em previsões legais literais.

Mais uma vez a distinção entre discursos de justificação e discursos de aplicação é central para que possamos compreender adequadamente o próprio sentido (e os "limites") de qualquer direito. Normas gerais e abstratas não são capazes, por si só, de coibir a chamada *fraudem legis*, como já percebia Francesco Ferrara:

> Com efeito, o mecanismo da fraude consiste na observância formal do ditame da lei, e na violação substancial do seu espírito: *tantum sententiam offendit et verba reservat*. O fraudante, pela combinação de meios indiretos, procura atingir o mesmo resultado ou pelo menos um resultado equivalente ao proibido; todavia, como a lei deve entender-se não segundo o seu teor literal, mas no seu conteúdo espiritual, porque a disposição quer realizar um fim e não a forma em que ele pode

manifestar-se, já se vê que, racionalmente interpretada, a proibição deve negar eficácia também àqueles outros meios que em outra forma tendem a conseguir aquele efeito.[126]

Sabemos hoje, portanto, que as leis gerais e abstratas não eliminam o problema do direito, aliás, ao contrário do que igualmente puderam acreditar os iluministas com a sua confiança excessiva na razão, elas inauguram o problema do direito moderno que é precisamente o da aplicação de normas gerais e abstratas a situações sempre particularizadas, determinadas e concretas.

É mais do que tempo de nos emanciparmos da crença ingênua de que uma boa lei nos redimiria da tarefa de aplicá-la de forma adequada à unicidade e irrepetibilidade características das situações da vida, sempre individualizadas e concretas. A fórmula da lei geral e abstrata foi, sem qualquer sombra de dúvida, uma conquista evolutiva inegável e a crença no poder dessa fórmula determinante para a configuração do sistema jurídico moderno. A redução moderna do direito a um conjunto de normas gerais e abstratas, no entanto, se foi capaz de subverter o antigo regime e suas ordens de privilégios, e de ser central para a instauração dessa nova sociedade sem fundamentos absolutos e imutáveis, não reduziu, mas, pelo contrário, incrementou e sofisticou a complexidade social.

Os movimentos constitucionalistas e a ideia mesma de Constituição, no sentido moderno, pressupõem a diluição da unidade e da organicidade típicas das sociedades tradicionais, ou seja, a invenção do indivíduo e da sociedade civil, o pluralismo religioso, político e social, a tensão socialmente constitutiva entre o eu e o outro. De fato, somente uma sociedade complexa (plural e que se sabe cindida pela diversidade dos interesses, formas de vida e estruturas de personalidade) requer uma Constituição. Como afirma Michel Rosenfeld, em uma sociedade homogênea a Constituição seria desnecessária.[127]

---

[126] FERRARA, F. *Interpretação e aplicação das leis*. Coimbra: Arménio Amado, 1963. p. 151. Grifos no original.

[127] ROSENFELD, M. Comprehensive pluralism is neither an overlapping consensus nor a modus vivendi: a reply to Professors Arato, Avineri, and Michelman. *Cardozo Law Review*, v. 21, p. 1971-1997, 2000.

# Pluralismo moral e incompatibilidade entre princípios

Isaiah Berlin, um dos principais pensadores liberais do século XX, defende uma concepção de princípios (como "valores morais") na qual se verifica uma permanente e irreconciliável incompatibilidade, o que forçaria a sociedade a lidar, necessariamente, com o sacrifício de princípios:

> Claro é que os valores podem colidir. Valores podem facilmente colidir no âmago de um único indivíduo. E disso não se segue que alguns devam ser verdadeiros e outros falsos. Tanto a liberdade quanto a igualdade estão entre os principais objetivos perseguidos pelos seres humanos através dos séculos. Mas a liberdade total para os lobos é a morte para os cordeiros. Essas colisões de valores estão em sua essência, e na essência do que somos. [...] Alguns dentre os maiores bens não podem conviver. Essa é uma verdade conceitual. Estamos condenados a escolher, e cada escolha pode trazer uma perda irreparável.[128]

Contra Berlin, Dworkin busca defender o tipo de "ideal holístico", de *perfect whole* condenado por aquele como sendo sintoma de uma "perigosa imaturidade moral e política". Berlin[129] fala de uma "tendência natural" da maioria dos pensadores a acreditar que tudo aquilo que eles consideram bom deve estar conectado ou ser compatível, sendo que a história pode nos brindar com diversos exemplos da união artificial de valores, especialmente no fomento de uma união política contra inimigos em comum. Quanto à dimensão do "perigo", adverte Dworkin:

> Assim como tiranos buscaram justificar terríveis crimes apelando à idéia de que todos os valores morais e políticos se juntam em alguma visão harmônica de grande importância transcendente, de tal sorte que a seu serviço o assassinato seja justificado, também outros crimes morais foram justificados com apelo à idéia oposta, de que valores políticos importantes necessariamente entram em conflito, que nenhuma

---

[128] BERLIN, I. *apud* DWORKIN, R. Moral pluralism. *In*: DWORKIN, R. *Justice in Robes*. Cambridge: Belknap Press, 2006. p. 106. Cf. BERLIN, I.; HARDY, H. (Ed.). *The crooked timber of humanity* – Chapters in the history of ideas. London: John Murray, 1990.

[129] BERLIN, I. *Liberty*: Incorporating four Essays on Liberty. Oxford: Oxford University Press, 2002. p. 175.

escolha entre eles pode ser defendida como a única correta, e que, portanto, são inevitáveis sacrifícios de coisas que consideramos de grande importância.[130]

Para Dworkin a ideia de *conflito de valores* tem servido no discurso político e no senso comum como justificativa para a manutenção de desigualdades sociais, já que qualquer medida igualitária (por exemplo, de redistribuição ou realocação de recursos por meio de tributos) implicaria, segundo essa visão, uma "invasão" na esfera da liberdade. Além disso, o "pluralismo de valores" pode ter efeito legitimador sobre práticas de desrespeito aos direitos humanos no plano internacional, sob o argumento de que cada sociedade escolhe os valores que busca priorizar, e que qualquer interferência quanto a isso seria um ato de imperialismo.

Mas os argumentos de Isaiah Berlin, reconhece Dworkin, são mais complexos e persuasivos que os lugares-comuns antropológicos tão difundidos atualmente no "pós-modernismo", que repetem o chavão de que cada sociedade se organiza em torno de valores diferentes, o que costuma se somar ao argumento cético sobre a implausibilidade de se afirmarem valores como "objetivos". Para Berlin há valores que se possa considerar como "objetivos", mas tais *true values* entram em conflito de forma insolúvel, conflitos esses não apenas entre as divergentes percepções ou opiniões subjetivas sobre o sentido dos valores, mas intrinsecamente entre os valores mesmos:

> Cada coisa é o que é: liberdade é liberdade, e não igualdade, ou eqüidade, ou justiça ou cultura, ou felicidade humana ou uma consciência tranqüila. Se a minha liberdade, ou de minha classe ou nação, depende da miséria de vários outros seres humanos, o sistema que a promove é injusto e imoral. Mas se eu reduzo ou perco a minha liberdade de modo a minimizar a vergonha de tal desigualdade, e com isso não aumento materialmente a liberdade individual de outros, uma perda absoluta de liberdade ocorre. Isso pode ser compensado por um ganho em justiça, em felicidade ou em paz, mas a perda remanesce, e é uma confusão de valores dizer que apesar de a minha

---

[130] DWORKIN, R. Moral pluralism. *In*: DWORKIN, R. *Justice in Robes*. Cambridge: Belknap Press, 2006. p. 106.

liberdade individual "liberal" ser sacrificada, algum outro tipo de liberdade – "social" ou "econômica" – é incrementado. Entretanto, é verdade que a liberdade de alguns deve às vezes ser restringida para assegurar a liberdade de outros. Com base em que princípio isso deve ser feito? Se a liberdade é um valor sagrado, intocável, não pode haver tal princípio. Um ou outro desses princípios ou regras em conflito deve, em qualquer grau na prática, ceder: nem sempre por razões que possam ser claramente enunciadas, quanto mais generalizadas em regras ou máximas universais. Ainda assim, um compromisso prático deve ser encontrado.[131]

Segundo Berlin, portanto, os conflitos não são apenas contingentes, pois são consequência da própria estrutura ou conceito dos valores, de tal sorte que o ideal de harmonia não é apenas inatingível, é incoerente, já que fazer valer um valor implicaria *necessariamente* o compromisso ou abandono de outro. E se estamos tratando de valores essenciais, como igualdade e liberdade, qualquer decisão política implicaria não apenas desapontar algumas expectativas em proveito de outras, mas na *violação de direitos* de pessoas, sendo inevitável, na visão de Berlin, que uma comunidade política falhará, irremediavelmente, em suas responsabilidades, de uma forma ou de outra. Seu argumento não é o da *incerteza*, ou seja, de que muitas vezes não sabemos *qual* a decisão correta a se tomar, mas o de que muitas vezes sabemos que *nenhuma* decisão é correta.[132]

---

[131] "Everything is what it is: liberty is liberty, not equality or fairness or justice or culture, or human happiness or a quiet conscience. If the liberty of myself or my class or nation depends on the misery of a number of other human beings, the system which promotes this is unjust and immoral. But if I curtail or lose my freedom in order to lessen the shame of such inequality, and do not thereby materially increase the individual liberty of others, an absolute loss of liberty occurs. This may be compensated for by a gain in justice or in happiness or in peace, but the loss remains, and it is a confusion of values to say that although my 'liberal', individual freedom may go by the board, some other kind of freedom – 'social' or 'economic' – is increased. Yet it remains true that the freedom of some must at times be curtailed to secure the freedom of others. Upon what principle should this be done? If freedom is a sacred, untouchable value, there can be no such principle. One or other of these conflicting rules or principles must, at any rate in practice, yield: not always for reasons which can be clearly stated, let alone generalized into rules or universal maxims. Still, a practical compromise has to be found" (BERLIN, I. *Liberty*: Incorporating four Essays on Liberty. Oxford: Oxford University Press, 2002. p. 172-173).

[132] DWORKIN, R. Moral pluralism. *In*: DWORKIN, R. *Justice in Robes*. Cambridge: Belknap Press, 2006. p. 110.

## O conflito jurídico, os textos normativos e as pretensões abusivas a direitos

Vera Karam de Chueiri, referindo-se como exemplo a dois princípios expressamente albergados pela Constituição brasileira, compartilha também a noção de incompatibilidade entre princípios contrários, o que levaria necessariamente a disputa para além da arena jurídica e à impossibilidade de se chegar a uma decisão juridicamente correta:

> A correção da resposta correta de Hércules pode também se revelar problemática pelo fato de que a coerência ou integridade requerida do sistema jurídico comumente não pode ser alcançada por meio do modelo interpretativo pensado por Dworkin. É possível que, em face de princípios que não sejam coerentes entre si, por exemplo, entre o princípio da propriedade privada e o princípio da função social da propriedade, Hércules não conseguisse construir uma resposta coerente, pondo em risco a idéia de certeza do direito e o requisito de aplicação legítima do direito (nos termos postos por Dworkin), já que ele teria que buscar uma resposta fora do sistema jurídico, nas lutas travadas na arena política.[133]

Assim como Berlin, e com base na teoria agonística[134] de Chantal Mouffe, Chueiri parece desconsiderar a diferença qualitativa

---

[133] "The rightness of Hercules' right answer can also be problematic by the fact that the required coherence or integrity of the system of law is not often achieved by means of the interpretive model thought by Dworkin. It is possible that in face of principles that are not coherent among themselves, for instance, between the principle of private property and the principle of property's social function, Hercules could fail in constructing a coherent answer jeopardizing the idea of legal certainty and the claim to a legitimate application of law (in the terms put by Dworkin), as far as he would have to look for an answer outside the legal system, in the struggles that take place in the political arena" (CHUEIRI, V. K. D. Before the law: philosophy and literature (the experience of that which one cannot experience). *Graduate Faculty of Political and Social Science*, New York, New School University, Ph.D.: f. 216, 2004).

[134] "Uma abordagem que revele a impossibilidade de se estabelecer um consenso sem exclusão é de fundamental importância para a política democrática. Ao nos alertar contra a ilusão de que uma democracia plenamente realizada pudesse ser materializada, ela nos força a manter viva a contestação democrática. Uma abordagem democrática 'agonística' é capaz de perceber a verdadeira natureza de suas fronteiras e reconhece as formas de exclusão que elas incorporam, ao invés de tentar disfarçá-las sob o véu de racionalidade ou moralidade". Tradução do original: "An aproach that reveals the impossibility of establishing a consensus without exclusion is of fundamental importance for democratic politics. By warning us against the illusion that a fully achieved democracy could ever be instantiated, it forces us to keep the democratic contestation alive. An 'agonistic'

existente entre os conflitos de valores políticos e a tensão entre normas próprias dos princípios jurídicos e morais. Por certo, se levarmos em consideração os *interesses* em jogo em disputas como a do exemplo apresentado pela autora – entre latifundiários e trabalhadores sem-terra –, dificilmente poderemos encontrar compatibilidade entre eles, já que claramente se antagonizam. Essa é uma das principais diferenças entre o direito e a moral: o direito não pode exigir que se adote a perspectiva interna e cooperativa das normas, possibilitando sempre que as atitudes sejam guiadas pragmaticamente por interesses, embora mantenha como requisito de legitimidade a possibilidade de sua obediência por simples respeito às normas, mas não mais que a possibilidade. Fica claro mais uma vez o problema de se considerar normas jurídicas como equivalentes a interesses ou valores. Semelhante é a leitura de Gilmar Mendes, referindo-se à jurisprudência da corte constitucional alemã, quanto à relação entre direitos e interesses em se tratando de conflitos como esse:

> Como acentuado pelo *Bundesverfassungsgericht*, a faculdade confiada ao legislador de regular o direito de propriedade obriga-o a "compatibilizar o espaço de liberdade do indivíduo no âmbito da ordem de propriedade com o interesse da comunidade". Essa necessidade de ponderação entre o interesse individual e o interesse da comunidade é, todavia, comum a todos os direitos fundamentais, não sendo uma especificidade do direito de propriedade.[135]

É próprio da esfera normativa deontológica, especialmente no caso do direito, o requisito de se lidar com normas contrárias em permanente tensão sem que isso implique contradição. Pelo contrário, como afirma Habermas, inspirado por Dworkin, os opostos aqui são equiprimordiais e complementares, reciprocamente constitutivos dos respectivos sentidos.[136] Não se trata de uma

---

democratic approach acknowledges the real nature of its frontiers and recognizes the forms of exclusion that they embody, instead of trying to disguise them under the veil of rationality or morality" (MOUFFE, C. Deliberative democracy or agonistic pluralism?. *Social Research*, v. 66, n. 3, p. 745-758, 1999).

[135] MENDES, G. F. *Direitos fundamentais e controle de constitucionalidade*: estudos de direito constitucional. São Paulo: Saraiva, 2004. p. 20.

[136] Ver cap. 5 de HABERMAS, J. *Direito e democracia*: entre facticidade e validade. Rio de Janeiro: Tempo Brasileiro, 1997.

questão puramente semântica: valores e normas acarretam tarefas interpretativas diversas, exigindo das instituições sociais tratamentos respectivamente distintos. Conflitos de valores e interesses requerem mediações e soluções institucionais que devem levar necessariamente em consideração argumentos de política, por meio de discursos pragmáticos e ético-políticos próprios dos espaços institucionais de elaboração de normas gerais, ou seja: discursos de justificação.

Já a exegese a ser dada aos princípios da propriedade privada e da função social da propriedade, como discursos de aplicação próprios da atividade judicial, não equivale a um juízo de preferência sobre interesses conflitantes, mas na busca do sentido que, diante das especificidades do caso concreto e da complexidade normativa envolvida, ofereça uma resposta coerente com a Constituição e o ordenamento como um todo, entendidos, é claro, à luz da compreensão que compartilhamos dos direitos fundamentais de liberdade e igualdade que reciprocamente nos reconhecemos como constituição viva, enquanto comunidade de princípios. No caso, verifica-se que, desde o esgotamento do paradigma constitucional liberal, os direitos privados, como o da propriedade, não mais podem implicar a tutela, a título de direito, de pretensões egoísticas anteriores e contrárias à própria vida social, pois os direitos individuais, coletivos e difusos de todos os demais membros da coletividade impõem condições para seu exercício legítimo.

Dessa forma, precisamente porque os princípios são normas abertas, normas que não buscam regular sua situação de aplicação, para bem interpretá-los é preciso que os tomemos na integridade do direito, ou seja, que sempre enfoquemos determinado princípio tendo em vista também, no mínimo, o princípio oposto, de sorte a podermos ver a relação de tensão produtiva ou de equiprimordialidade que, na verdade, guardam entre si, a matizar recíproca, decisiva e constitutivamente os significados um do outro. Assim é que, por um lado, o direito individual de propriedade não pode ser válida e legitimamente compreendido de forma a inviabilizar a sua função social – daí a previsão constitucional de taxação progressiva de propriedades improdutivas,[137] por exemplo –, bem como, por outro, o

---

[137] Art. 153, §4º, I da Constituição da República.

direito da coletividade de atribuir funções socialmente relevantes aos bens apropriáveis não pode simplesmente desconsiderar a propriedade particular – não é outro o sentido, por exemplo, da exigência constitucional de indenização em caso de desapropriação.[138] Mais uma vez a diferença entre argumentos de princípio e argumentos de política revela-se fundamental para a compreensão do papel e dos limites da atividade governamental diante dos direitos dos cidadãos. Nas palavras de Dworkin:

> A maioria dos atos legítimos de qualquer governo envolve a negociação de interesses de diferentes pessoas; tais atos beneficiam alguns cidadãos e desfavorecem outros para que se incremente o bem-estar da comunidade como um todo. [...] Mas certos interesses de pessoas em particular são tão importantes que seria errado – moralmente errado – que a comunidade os sacrificasse apenas para assegurar um benefício generalizado. Direitos políticos demarcam e protegem esses interesses particularmente importantes. Um direito político, podemos dizer, é um trunfo sobre o tipo de argumento de negociação que normalmente justifica a ação política.[139]

## O STF e o caso Ellwanger

À luz de uma teoria deontológica dos direitos seria possível uma decisão correta, ainda que fundamentada em termos axiológicos de ponderação de valores? A fundamentação de uma decisão vazada em termos de conflitos de direitos, reduzidos a meros valores, não é expressa em termos de pretensões controversas em relação a direitos que seriam indisponíveis. Comporta assim uma descrição inadequada da controvérsia que pode conduzir a decisões que anulem direitos em favor de preferências pessoais do julgador.

---

[138] Art. 5º, XXIV da Constituição da República.

[139] "Most legitimate acts of any government involve trade-offs of different people's interests; these acts benefit some citizens and disadvantage others in order to improve the community's well-being as a whole. [...] But certain interests of particular people are so important that it would be wrong – morally wrong – for the community to sacrifice those interests just to secure an overall benefit. Political rights mark off and protect these particularly important interests. A political right, we may say, is a trump over the kind of trade-off argument that normally justifies political action" (DWORKIN, R. *Is democracy possible here?*: Principles for a new political debate. Princeton: Princeton University Press, 2006. p. 31).

Contudo, a nosso ver, isso não impede, por si só, que a decisão tomada seja a decisão correta.

A decisão do Habeas Corpus nº 82.425/RS,[140] conhecida como "caso Ellwanger", ilustra bem essa hipótese. A discussão girou em torno da aplicação de princípios e, na atual linguagem do STF, buscou-se realizar uma argumentação baseada na "ponderação" ou "balanceamento" de valores, tanto por parte da maioria (especialmente no voto do Ministro Gilmar Mendes) quanto da minoria (em especial o Ministro Marco Aurélio).

Estabelecendo os argumentos que prevaleceriam na decisão final, o Ministro Gilmar Mendes, em seu voto, buscou se basear no princípio da proporcionalidade para a construção de sua fundamentação. Analisando complexa e sistemicamente o ordenamento jurídico, com especial atenção aos instrumentos internacionais subscritos pelo Brasil, conclui o ministro pela inviabilidade de se atribuir interpretação outra à Constituição: "Assim não vejo como se atribuir ao texto constitucional significado diverso, isto é, que o conceito jurídico de racismo não se divorcia do conceito histórico, sociológico e cultural assente em referências supostamente raciais, aqui incluído o anti-semitismo".[141]

Mas o ministro identifica como um problema de conflito entre direitos as pretensões controversas das partes, na medida em que "a *discriminação racial levada a efeito pelo exercício da liberdade de expressão* compromete um dos pilares do sistema democrático, a própria idéia de igualdade", e menciona decisão da Corte Europeia de Direitos Humanos em que, com a aplicação do princípio da proporcionalidade, se confrontou a *liberdade de expressão* com a *proibição de abuso de direito,* tendo *prevalecido,* no caso, a liberdade de expressão.

Cabe o questionamento sobre a adequação dessa descrição do problema. Trata-se de um conflito entre direitos, ou de um conflito entre pretensões e interesses? O exercício legítimo de um direito,

---

[140] BRASIL. SUPREMO TRIBUNAL FEDERAL. *HC 82424/RS. Habeas Corpus.* Publicação de livros: anti-semitismo. Crime imprescritível. Conceituação. Abrangência constitucional. Limites. Ordem denegada. Relator orig.: Min. Moreira Alves. Relator para o acórdão: Min. Maurício Corrêa, 2003. Disponível em: www.stf.gov.br.

[141] BRASIL. SUPREMO TRIBUNAL FEDERAL. *HC 82424/RS. Habeas Corpus.* Publicação de livros: anti-semitismo. Crime imprescritível. Conceituação. Abrangência constitucional. Limites. Ordem denegada. Relator orig.: Min. Moreira Alves. Relator para o acórdão: Min. Maurício Corrêa, 2003. Disponível em: www.stf.gov.br.

## 94 | MENELICK DE CARVALHO NETTO, GUILHERME SCOTTI
OS DIREITOS FUNDAMENTAIS E A (IN)CERTEZA DO DIREITO

como o da liberdade de expressão, pode configurar, *ao mesmo tempo*, uma violação de direitos, uma ilegalidade? Nesse sentido é a crítica de Marcelo Cattoni:

> Afinal, ou nós estamos diante de uma conduta ilícita, abusiva, criminosa, ou, então, do exercício regular, e não abusivo, de um direito. [...] Como é que uma conduta pode ser considerada, ao mesmo tempo, como lícita (o exercício de um direito à liberdade de expressão) e como ilícita (crime de racismo, que viola a dignidade humana), sem quebrar o caráter deontológico, normativo, do Direito? Como se houvesse uma conduta meio lícita, meio ilícita?[142]

Apesar da terminologia utilizada pelo ministro em sua fundamentação, entendemos que, neste caso, seus argumentos se mostram sólidos da perspectiva da justiça como correção normativa, pois de modo algum são argumentos de ponderação. Senão vejamos, quando com base na análise das especificidades do caso concreto afirma "*a discriminação racial levada a efeito* pelo exercício da liberdade de expressão *compromete um dos pilares do sistema democrático, a própria idéia de igualdade*", na verdade, evidencia a natureza abusiva da pretensão levantada pelo réu, em sua defesa, de buscar dar à prática do crime imprescritível de racismo a roupagem de um mero exercício do direito à liberdade de expressão, quando ressalta a discrepância dessa pretensão em face da integridade do direito. O problema aqui é apenas no nível descritivo já que, embora expressamente, para efeitos da decisão, desqualifique a pretensão levantada pelo réu por abusiva, continua a descrever, paradoxalmente, o crime praticado tal como pretendera o réu, ou seja, como exercício da liberdade de expressão. Essa contradição, no nível da descrição, é precisamente o que possibilita dar à argumentação a aparência de uma ponderação, exigindo a afirmação da validade e da relevância no ordenamento em geral da norma a ser descartada, já que em nada aplicável ao caso, a não ser como estratégia abusiva de defesa do réu. A própria decisão, por fim, termina por reconhecer que tal pretensão não seria alcançada pelo "âmbito de proteção" da norma. O preço do acolhimento dessa contradição para dar à argumentação a aparência de uma ponderação

---

[142] OLIVEIRA, M. A. C. *O caso Ellwanger*: uma crítica à ponderação de valores e interesses na jurisprudência recente do Supremo Tribunal Federal. Belo Horizonte, 2006. p. 7.

é o enfraquecimento da própria argumentação ao banalizar os direitos fundamentais indisponíveis apresentando-os como simples opções valorativas em abstrato do aplicador. É preciso que se dê o devido destaque aos motivos concretos fundantes da decisão que decorre da análise das pretensões levantadas diante das especificidades únicas daquele caso concreto e em face da integridade do direito como um todo. Assim, a consequência perversa de, no nível apenas da argumentação, não se afirmar expressamente o caráter indisponível dos direitos fundamentais, o seu papel de garantia dos cidadãos, é possibilitar que decisões opostas se coloquem sem qualquer fundamento mais profundo no exame do caso concreto. Com isso, a fundamentação de todas as possíveis posições dos aplicadores desloca-se do terreno do cotejo de adequabilidade das pretensões levantadas pelas partes em face das peculiaridades do caso concreto e da integridade do direito, para o campo das preferências valorativas disponíveis, o que reduz a indisponibilidade dos direitos fundamentais a uma discussão acerca de seu âmbito de abrangência. É exatamente tudo isso que foi dito acerca do custo de se buscar dar à fundamentação uma feição ponderativa que podemos constatar no trecho a seguir transcrito, conjuntamente com o fato de que o sentido nele atribuído como constitucionalmente válido ao direito à liberdade de expressão é coerente com as exigências do ordenamento jurídico em sua integridade:

> Não se contesta, por certo, a proteção conferida pelo constituinte à liberdade de expressão. Não se pode negar, outrossim, o seu significado inexcedível para o sistema democrático. Todavia, é inegável que *essa liberdade não alcança a intolerância racial e o estímulo à violência*, tal como afirmado no acórdão condenatório.[143]

A mesma postura se percebe na passagem de Martin Kriele transcrita no voto, ao evidenciar a conexão interna entre direitos fundamentais e democracia:

> O uso da liberdade que prejudica e finalmente destrói a liberdade de outros não está protegido pelo direito fundamental. Se faz parte dos

---

[143] BRASIL. SUPREMO TRIBUNAL FEDERAL. *HC 82424/RS. Habeas Corpus*. Publicação de livros: anti-semitismo. Crime imprescritível. Conceituação. Abrangência constitucional. Limites. Ordem denegada. Relator orig.: Min. Moreira Alves. Relator para o acórdão: Min. Maurício Corrêa, 2003. Disponível em: www.stf.gov.br.

fins de um direito assegurar as condições para uma democracia, então o uso dessa liberdade que elimina tais condições não está protegido pelo direito fundamental.[144]

A revisita à nossa história institucional recente nos autoriza, assim, a afirmar a potencialidade democrática presente no incremento dos fragmentos de racionalidade que têm informado decisões também no âmbito do judiciário. Pois, apesar dos problemas de descrição normativa presentes em suas fundamentações, essas decisões, como tais, revelam-se como as únicas corretas no sentido dworkiano.[145] Em que pese, como vimos, o prejuízo trazido para o aprofundamento do debate interno das cortes acerca do papel dos direitos fundamentais como garantias dos cidadãos, essas decisões podem, ainda assim, se provar capazes de discernir, no caso concreto – dadas a força normativa desses fragmentos de racionalidade e a eventual sensibilidade do aplicador –, a pretensão legítima das abusivas e de negar curso a estas últimas. Exatamente por isso é que aquelas decisões são capazes de funcionar como orientação de correção normativa para a sociedade como um todo, de sorte a possibilitar ao direito um enfrentamento consistente da tendência ao uso abusivo e meramente instrumental do próprio direito. Aspecto que, apesar dos problemas, ao fim e ao cabo, fortalece as possibilidades de consolidação de uma democracia, ainda que "inesperada", para usar o termo de Bernardo Sorj,[146] ao fornecer plausibilidade à exigência do igual respeito e consideração devidos a todos os membros da comunidade jurídico-política inaugurada em 5.10.1988 e ressignificada recorrentemente consoante o disposto no §2º do seu art. 5º.

---

[144] KRIELE, Martin. *Introducción a la teoría del Estado*. Buenos Aires: Depalma, 1980. p. 475 *apud* BRASIL. SUPREMO TRIBUNAL FEDERAL. *HC 82424/RS. Habeas Corpus*. Publicação de livros: anti-semitismo. Crime imprescritível. Conceituação. Abrangência constitucional. Limites. Ordem denegada. Relator orig.: Min. Moreira Alves. Relator para o acórdão: Min. Maurício Corrêa, 2003. Disponível em: www.stf.gov.br.

[145] Estamos cientes de que, quanto ao juízo substantivo sobre a liberdade de expressão, o próprio Dworkin, na esteira do assentado na tradição liberal norte-americana, discordava da criminalização do discurso do ódio (ver cap. 8 de DWORKIN, R. *Freedom's law* – The moral reading of the American Constitution. New York: Oxford University Press, 1996). Sustentamos, no entanto, que sua teoria do direito como integridade, adequadamente aplicada às especificidades e à história do sistema jurídico brasileiro, não permitiria plausivelmente um resultado diferente daquele que aqui defendemos como correto.

[146] SORJ, B. *A democracia inesperada*: cidadania, direitos humanos e desigualdade social. Rio de Janeiro: Jorge Zahar, 2004.

CAPÍTULO 5

# AFINAL DE CONTAS, O QUE UMA CONSTITUIÇÃO CONSTITUI?

Ao discutir com Richard Posner[147] por que não aceita a distinção entre direitos explícitos e implícitos ("direitos enumerados" e "direitos não-enumerados"), Ronald Dworkin afirma que conquanto a linguagem da Constituição, mais especificamente, da declaração de direitos (*Bill of Rights*), empregue no mais das vezes os termos mais abstratos possíveis dos padrões de "correção política" (*political morality*), ela pode parecer, em alguns contextos, preocupada exclusivamente com os procedimentos formais. Ou seja, ela não imporia qualquer limite ao conteúdo das leis que viessem a ser adotadas, ela apenas estipularia se poderia promulgar e impor qualquer conteúdo nas leis a adotar. Nesse passo, salienta que

> a história jurídica rejeitou essa interpretação estreita e, no entanto, no momento em que entendemos que os dispositivos constitucionais são tão substantivos quanto procedimentais, o seu âmbito revela-se de uma amplitude espantosa. Pois fica claro então, que a declaração de direitos não ordena nada menos do que a determinação de que o Estado trate a todos aqueles sujeitos ao seu domínio com igual respeito e consideração, sendo-lhe vedado infringir as mais básicas liberdades dos cidadãos, as liberdades essenciais ou, como disse um proeminente jurista [Benjamin Cardozo], a ideia mesma de "liberdade ordenada".[148]

---

[147] POSNER, R. Legal reasoning from the top down and from the bottom up: the question of unenumerated constitutional rights. *The University of Chicago Law Review*, v. 59, n. 1, p. 433-450, 1992.

[148] "Legal history has rejected that narrow interpretation, however, and once we understand the constitutional provisions to be substantive as well as procedural, their scope is breathtaking.

Para Dworkin, a Constituição constitui assim uma comunidade fundada sobre princípios. Mas o que significa uma comunidade que se alicerça sobre o reconhecimento recíproco da igualdade e da liberdade de todos e cada um de seus membros? Qual a natureza desses princípios de conteúdo moral, seria apenas moral e não jurídica?

Retomar os textos resultantes da discussão entre Ronald Dworkin e Richard Posner permite-nos aprofundar na complexa relação complementar que, na visão do primeiro autor, entre si guardam a moral, o Direito e a política. Essa complementaridade é básica para que possamos efetivamente compreender todo o potencial reconstrutivo, inclusivo e democrático, da doutrina de Dworkin, que, no Brasil, é recorrentemente mal compreendida em razão, inclusive, de traduções pouco cuidadosas.

Para Richard Posner não seria possível falar de uma moral que transcendesse a moral individual nem de princípios morais universais. A moral seria portanto particular, local. Ela dependeria das tradições, de uma cultura específica, não sendo assim possível um denominador moral comum. Não seria possível, por total ausência de critérios unânimes, julgar imoral, por exemplo, a discriminação dos judeus, dos comunistas ou dos portadores de sofrimento mental pelos nazistas. Quando reprovamos atitudes como essas, o faríamos apenas a partir de nosso próprio ponto de vista. Para ele, no contexto das sociedades modernas só se poderia falar em pluralismo moral. Portanto, analisar o direito à luz da moral não seria possível, pois os juízes não podem decidir com base em suas crenças morais e nem poderiam, dado o pluralismo intrínseco à sociedade moderna. Posner posiciona-se, assim, frontalmente contra o que ele denomina moralismo acadêmico, ou seja, a defesa da existência de uma moral universal. Dentre os autores que Posner designa moralistas acadêmicos ele inclui com destaque Ronald Dworkin, com a sua teoria da única resposta correta.

---

For then the Bill of Rights orders nothing less than that government treat everyone subject to its dominion with equal concern and respect, and that it not infringe their most basic freedoms, those liberties essential, as one prominent jurist put it, to the very idea of 'ordered liberty'" (DWORKIN, R. Unenumerated rights: whether and how roe should be overruled. *The University of Chicago Law Review*, v. 59, n. 1, p. 381-432, 1992. p. 382).

O que Posner denomina pluralismo moral, é, como vimos, na verdade, efetivamente pressuposto da democracia e do constitucionalismo. Por herança do liberalismo, reconhece-se precisamente a possibilidade de distintas visões de mundo concorrentes conviverem simultaneamente. Contudo, contra Posner, há que se notar que essa pluralidade de visões de mundo só se torna possível a partir do reconhecimento da igualdade e da liberdade dos indivíduos. Ao declarar que todos são livres e iguais por nascimento, as constituições e declarações de direitos não pretenderam dizer que todos os norte-americanos ou todos os franceses seriam materialmente iguais. A ideia é que todos, precisamente por serem humanos, nascem livres e iguais. A moral pós-convencional é, pois, principiológica, reflexiva. É uma moral de princípios extremamente abstratos, objetivos, universais, e que guardam uma tensão entre si.

Essa moral moderna, contudo, por ser extremamente abstrata, universal e interna, é por demais "fraca", etérea, para impor, por si só, comportamentos vinculantes, obrigatórios. Nesse contexto, retomamos a afirmação de Richard Posner, segundo a qual ainda que existissem princípios universais, esses não teriam a menor utilidade, uma vez que não seria possível extrair desses princípios soluções para os casos concretos. O autor, contudo, ignora, ou acredita impossível, uma relação complementar entre o Direito e a moral. De fato, a moral moderna é extremamente abstrata. Contudo, ao serem acolhidos como conteúdo do Direito, esses princípios morais extremamente abstratos ganham densidade como direitos fundamentais, tornando-se obrigatórios, impondo comportamentos externos.

Direito e moral relacionam-se não em um sentido de mera sujeição do Direito à moral. Guardam, como vimos, uma relação de complementaridade em que o Direito, ao recepcionar o abstrato conteúdo moral, fornece à moral maior densidade e concretude, recebendo da moral, por sua vez, legitimidade. Torna-se visível, assim, como esses dois sistemas distintos podem prestar-se mutuamente serviços recíprocos.

Desse modo é que esse conteúdo moral, quando incorporado ao Direito como direitos fundamentais, como princípios constitucionais, ou seja, como a igualdade reciprocamente reconhecida de modo constitucional a todos e por todos os cidadãos, bem como, ao mesmo tempo, a todos e por todos é também reconhecida reciprocamente a liberdade, só pode significar, como histórica e muito concretamente pudemos aprender, a igualdade do respeito às diferenças, pois embora tenhamos diferentes condições sociais e materiais, distintas cores de pele, diferentes credos religiosos, tenhamos distintas identidades de gênero ou não tenhamos as mesmas orientações sexuais, devemos nos respeitar ainda assim como iguais nas nossas diferenças.

# REFERÊNCIAS

ALEXY, R. Discourse Theory and Fundamental Rights. *In*: MENÉNDEZ, Agustin J.; ERIKSEN, Erik O. *Arguing fundamental rights*. Dordrecht: Springer, 2006.

ALEXY, R. On the structure of legal principles. *Ratio Juris*, v. 13, n. 3, p. 294-304, 2000.

ALEXY, R. Sistema jurídico, principios jurídicos y razón práctica. *Doxa*, n. 5, p. 139-151, 1988.

ALEXY, R. *Teoria de los derechos fundamentales*. Madrid: Centro de Estudios Constitucionales, 1993.

APPIAH, K. A. *The lies that bind*: rethinking identity. London: Profile Books, 2018.

BERLIN, I. *Liberty*: Incorporating four Essays on Liberty. Oxford: Oxford University Press, 2002.

BERLIN, I.; HARDY, H. (Ed.). *The crooked timber of humanity* – Chapters in the history of ideas. London: John Murray, 1990.

BLACKBURN, S. Realismo moral. *In*: BLACKBURN, S. *Dicionário Oxford de filosofia*. Consultoria da edição brasileira Danilo Marcondes. Rio de Janeiro: Jorge Zahar, 1997.

BLUMENBERG, H. *The legitimacy of modern age*. Cambridge: MIT Press, 1985.

BOBBIO, N. *A era dos direitos*. Rio de Janeiro: Elsevier, 2004.

BORRADORI, G. *Filosofia em tempo de terror*: diálogos com Habermas e Derrida. Tradução de Roberto Mugiatti. Rio de Janeiro: Zahar, 2004.

BRASIL. Constituição (1988). *Constituição da República Federativa do Brasil*. Brasília: Senado Federal, 1988.

BRASIL. SUPREMO TRIBUNAL FEDERAL. *HC 82424/RS*. *Habeas Corpus*. Publicação de livros: anti-semitismo. Crime imprescritível. Conceituação. Abrangência constitucional. Limites. Ordem denegada. Relator orig.: Min. Moreira Alves. Relator para o acórdão: Min. Maurício Corrêa, 2003. Disponível em: www.stf.gov.br.

BURUMA, I.; MARGALIT, A. *Occidentalism:* the West in the eyes of its enemies. New York: The Penguin Press, 2004.

CARVALHO NETTO, M. D. Requisitos pragmáticos da interpretação jurídica sob o paradigma do Estado Democrático de Direito. *Revista de Direito Comparado*, Belo Horizonte, v. 3, maio 1999.

CHUEIRI, V. K. D. Before the law: philosophy and literature (the experience of that which one cannot experience). *Graduate Faculty of Political and Social Science*, New York, New School University, Ph.D.: 262, 2004.

DE GIORGI, R. O risco na sociedade contemporânea. *Sequência*, v. 15, n. 28, 1994.

DERRIDA, J. *Força de lei*: o fundamento místico da autoridade. São Paulo: Martins Fontes, 2007.

DWORKIN, R. *A matter of principle*. Cambridge: Harvard University Press, 1985.

DWORKIN, R. *Freedom's law* – The moral reading of the American Constitution. New York: Oxford University Press, 1996.

DWORKIN, R. Hart's postscript and the point of political philosophy. *In*: DWORKIN, R. *Justice in Robes*. Cambridge: Belknap Press, 2006.

DWORKIN, R. *Is democracy possible here?*: Principles for a new political debate. Princeton: Princeton University Press, 2006.

DWORKIN, R. *Justice for hedgehogs*. Cambridge: Belknap Press, 2011.

DWORKIN, R. *Levando os direitos a sério*. Tradução de Nelson Boeira. São Paulo: Martins Fontes, 2002.

DWORKIN, R. Moral pluralism. *In*: DWORKIN, R. *Justice in Robes*. Cambridge: Belknap Press, 2006.

DWORKIN, R. *O império do direito*. São Paulo: Martins Fontes, 1999.

DWORKIN, R. Objectivity and truth: you'd better believe it. *Philosophy & Public Affairs*, v. 25, n. 2, p. 87-139, 1996.

DWORKIN, R. Originalism and fidelity. *In*: DWORKIN, R. *Justice in Robes*. Cambridge: Belknap Press, 2006.

DWORKIN, R. Taking rights seriously in Beijing. *The New York Review of Books*, v. 49, n. 14, 2002.

DWORKIN, R. *Taking rights seriously*. Cambridge: Harvard University Press, 1977.

DWORKIN, R. Unenumerated rights: whether and how roe should be overruled. *The University of Chicago Law Review*, v. 59, n. 1, p. 381-432, 1992.

DWORKIN, R. The partnership conception of democracy. *California Law Review*, v. 86, p. 453-458, 1998.

DWORKIN, R. Unenumerated rights: whether and how Roe should be overruled. *Chicago Law Review*, v. 59, p. 381-432, 1992.

DWORKIN, R.; HABERMAS, J. *et al*. ¿Impera el derecho sobre la política?. *Revista Argentina de Teoría Jurídica de la Universidad Torcuato Di Tella*, v. 1, n. 1, 1999.

FERRARA, F. *Interpretação e aplicação das leis*. Coimbra: Arménio Amado, 1963.

FREITAG, B. Jürgen Habermas fala a Tempo Brasileiro. *Revista Tempo Brasileiro*, Rio de Janeiro, n. 98, p. 5-21, 1989.

GADAMER, H. G. *Verdade e método*. Petrópolis: Vozes, 1997.

GILLIGAN, C. *In a diferente voice*: psychological theory and women's development. Cambridge: Harvard University Press, 1982.

GÜNTHER, K. *The sense of appropriateness*: application discourses in morality and law. Albany: State University of New York Press, 1993.

GÜNTHER, K. Un concepto normativo de coherencia para una teoría de la argumentación jurídica. *Doxa*, n. 17/18, p. 271-302, 1995.

HABERLE, P. *Hermenêutica constitucional*: a sociedade aberta dos intérpretes da Constituição: contribuição para a interpretação pluralista e "procedimental" da Constituição. Porto Alegre: Sergio Antonio Fabris, 1997.

REFERÊNCIAS | 103

HABERMAS J. *O discurso filosófico da modernidade*. 1. ed. Tradução de Luiz Sérgio Repa e Rodnei Nascimento. São Paulo: Martins Fontes, 2000.

HABERMAS, J. *A inclusão do outro*: estudos de teoria política. São Paulo: Loyola, 2002.

HABERMAS, J. A pretensão de universalidade da hermenêutica. *In*: HABERMAS, J. *Dialética e hermenêutica*. Porto Alegre: L&PM, 1987.

HABERMAS, J. *Direito e democracia*: entre facticidade e validade. Rio de Janeiro: Tempo Brasileiro, 1997.

HABERMAS, J. Modernity – An incomplete project. *In:* FOSTER, H. (Ed.). *The anti-aesthetic* – Essays on postmodern culture. Port Townsend: Bay Press, 1983.

HABERMAS, J. O Estado Democrático de Direito: uma amarração paradoxal de princípios contraditórios?. *In*: HABERMAS, J. *Era das transições*. Rio de Janeiro: Tempo Brasileiro, 2003.

HABERMAS, J. Para o uso pragmático, ético e moral da razão prática. *In*: STEIN, E.; BONI, L. D. *Dialética e liberdade*. Porto Alegre: Vozes. 1992.

HABERMAS, J. *Verdade e justificação*: ensaios filosóficos. São Paulo: Loyola, 2004.

HART, H. L. A. *O conceito de direito*. Tradução de Antonio de Oliveira Sette Camara. São Paulo: Martins Fontes, 2009.

HESSE, K. *A força normativa da Constituição*. Tradução de Gilmar Ferreira Mendes. Porto Alegre: S.A. Fabris, 1991.

HOLMES JR., O. W. The path of the law. *Harvard Law Review*, v. 10, n. 457, 1897.

HONNETH, A. *Luta por reconhecimento*: a gramática moral dos conflitos sociais. São Paulo: Editora 34, 2003.

KELSEN, H. On the theory of interpretation. *Legal Studies*, v. 10, n. 2, p. 127-135, 1990.

KELSEN, H. *Teoria pura do direito*. São Paulo: Martins Fontes, 1998.

KOHLBERG, L. The claim to moral adequacy of a highest stage of moral judgment. *The Journal of Philosophy*, v. 70, n. 18, p. 630-646, 1973.

KOHLBERG, L. The development of modes of moral thinking and choice in the years 10 to 16. *Department of Psychology*. Chicago, University of Chicago. Ph.D.: 491, 1958.

KUHN, T. S. *A estrutura das revoluções científicas*. São Paulo: Perspectiva, 1996.

KUHN, T. S. *The essential tension* – Selected studies in scientific tradition and change. Chicago: The University of Chicago Press, 1977.

LASSALLE, F. *A essência da Constituição*. 6. ed. Rio de Janeiro: Lumen Juris, 2001.

LUHMANN, N. La costituzione come acquisizione evolutiva. *In*: ZAGREBELSKY, G.; PORTINARO, P. P.; LUTHER, J. *Il futuro della costituzione*. Torino: Einaudi, 1996.

LUHMANN, N. Verfassung als Evolutionäre Errungenschaft. *Rechthistorisches Journal*, v. IX, p. 176-220, 1990.

LYOTARD, J. F. *A condição pós-moderna*. 12. ed. Tradução de Ricardo Corrêa Barbosa. Rio de Janeiro: José Olympio, 2009.

MAGALHÃES, J. N. *A formação do conceito de direitos humanos*. 1. ed. Curitiba: Juruá, 2013.

MARRAMAO, G. Passato e futuro dei diritti umani – Dall'"ordine posthobbesiano" al cosmopolitismo della differenza. *In*: CONGRESSO NACIONAL DO CONPEDI, 16., 2007, Belo Horizonte. *Anais*... Belo Horizonte, 2007.

MENDES, G. F. *Direitos fundamentais e controle de constitucionalidade*: estudos de direito constitucional. São Paulo: Saraiva, 2004.

MOUFFE, C. Deliberative democracy or agonistic pluralism?. *Social Research*, v. 66, n. 3, p. 745-758, 1999.

MOUFFE, C. Pensando a democracia moderna com, e contra, Carl Schmitt. *Cadernos da Escola do Legislativo*, Belo Horizonte, n. 2, p. 87-108, jul./dez. 1994.

MÜLLER, F. *Discours de la méthode juridique*. Paris: Presses Universitaires de France, 1996.

OLIVEIRA, M. A. C. *O caso Ellwanger*: uma crítica à ponderação de valores e interesses na jurisprudência recente do Supremo Tribunal Federal. Belo Horizonte, 2006.

OLIVEIRA, M. A. *Reviravolta linguístico-pragmática na filosofia contemporânea*. 2. ed. São Paulo, Loyola, 2001.

PAIXÃO, C. *A reação norte-americana aos atentados de 11 de setembro de 2001 e seu impacto no constitucionalismo contemporâneo*: um estudo a partir da teoria da diferenciação do direito. Doutorado (Tese) – Programa de Pós-Graduação em Direito, UFMG, Belo Horizonte, 2004.

POSNER, R. Legal reasoning from the top down and from the bottom up: the question of unenumerated constitutional rights. *The University of Chicago Law Review*, v. 59, n. 1, p. 433-450, 1992.

RICOEUR, P. *O justo ou a essência da justiça*. Lisboa: Instituto Piaget, 1997.

ROSENFELD, M. *A identidade do sujeito constitucional*. Belo Horizonte: Mandamentos, 2003.

ROSENFELD, M. Comprehensive pluralism is neither an overlapping consensus nor a modus vivendi: a reply to Professors Arato, Avineri, and Michelman. *Cardozo Law Review*, v. 21, p. 1971-1997, 2000.

ROSENFELD, M. *The identity of the constitutional subject*: selfhood, citizenship, culture, and community. Routdlege: London and New York, 2010.

ROSENFELD, M.; ARATO, A. *Habermas on law and democracy*: critical exchanges. Berkeley: University of California Press, 1998.

SAID, E. *Orientalismo*: o Oriente como invenção do ocidente. Tradução de Tomás Rosa Bueno. São Paulo: Companhia das Letras, 1990.

SANTOS, B. S. *Pela mão de Alice* – O social e o político na pós-modernidade. 7. ed. Porto: Edições Afrontamento, 1999.

SCHMITT, C. *Teoría de la constitución*. Madrid: Alianza, 1982.

SORJ, B. *A democracia inesperada*: cidadania, direitos humanos e desigualdade social. Rio de Janeiro: Jorge Zahar, 2004.

STRECK, L. L. *Hermenêutica jurídica e(m) crise*: uma exploração hermenêutica da construção do direito. Porto Alegre: Livraria do Advogado, 1999.

VERDÚ, P. L. *Curso de derecho político*. Madrid: Tecnos, 1984.

VIANNA, F. J. O. *O idealismo da Constituição*. 1. ed. Rio de Janeiro: Terra de Sol, 1927.

WITTGENSTEIN, L. *Investigações filosóficas*. São Paulo: Nova Cultural, 2000.